日本国史学会（関西）

王政復古一五〇年シンポジウム

プログラム

◇日時　平成二十九年六月二十四日
◇場所　同志社大学　今出川キャンパス　良心館

【総会】
司会　当会事務局長　久野　潤
開会の辞　当会代表理事　田中英道

【講演】
「日本人に「日本」を自覚させた本居宣長」　本居宣長記念館長　吉田悦之
「王政復古と吉田松陰」　川口雅昭
質疑応答

【懇親会】

開会の辞

田中英道
（本会代表理事　東北大学名誉教授）

　皆さんこんにちは。今朝は東京から京都にやつ来て、先程霊明神社にお参りしてきました。明治初期の頃の長州藩や薩摩藩の志士たちがまさに国家のために奮闘する姿が見えてくるようでした。実を言うと私の母親の系統が鹿児島の隼人の出身で、一人は鹿児島神宮の宮司で、また一人は西郷さんと一緒に日当山で腹を切ったと言われています。今行ってもなかなかそういう面影がないんで残念ですけれども、一度中学生だった私は祖父に鹿児島まで連れていってもらって、日当山や鹿児島神宮にお参りしたことなどをよく記憶しています。やはり明治維新というのは薩長の田舎侍がやったような、ある種少し粗野なものを思い浮かべますけれども、実を言うと鹿児島というところも神道と非常に強い所縁のあるところです。ですから結局、神仏分離の時にも、神道が非常に強くて仏寺があまり残りませんでした。幕府があった関東も実を言うと、やはり水戸の国学が非常に強くて、この国学から明治につながる尊皇攘夷が始まったわけです。今の私の研究テーマでもある「天孫降臨」に関して関東（鹿島）から鹿児島について、も新しい関心をもって考察しています。

　いずれにせよ、この時代が「王政復古」だというのが大事なことで、一般には「明治維新」は「西欧化」「文明開化」「近代化」だと戦後しきりに言われていますけれども、本当は「王政復古」によってこそ西洋と戦うこともできたわけです。これはもちろん大政奉還、要するに天皇に政治をお返しするということがいかに明治以降の政治というものに核を入れたか。そこで作られたものが、大東亜戦争まで続いたわけです。戦後またそれを否定しようとして七〇年たつわけですけれども、それは今だ変わりがないのです。その天皇が譲位なのに「退位」などという言葉を使って、皇室を非常に批判的に扱っているマスコミがありますが、依然としてそういう問題が日本の政治の中核にあるということです。

　東京裁判も元々は天皇の責任を問う動きがあったにもかかわらず、問われなかったのです。中核は保たれたのです。そしていまだに皇室が存在し、それを我々が崇敬しているということそのものが続いているのです。「近代化」とか

「西洋化」とか言ってますけれども、やはりそこに核があるということ。そしてその思想体系というのが一体何なのかと。私は「やまとごころ」と言ったり「自然道」と言ったり、そしてもちろん「神道」と言ったりしていますが、やはり、国家の国父ということです。それが現在の社会でも十分に生きているということがすばらしいのです。そのことが、やはり私たちのある種の公の感情と言うものを継続させていて、特に明治の頃の志士たちが持っていた感情と変わりないものがあるという風に思われるのです。

ですからこの時代の志士たち、つまり明治の薩長だけではない志士たちに比べて、我々ははるかに及ばない脆弱な軟弱な人間になったかに見えますけれども、やはりそれは外見だけであって、これからアメリカや北朝鮮あるいは中国の問題が起こってくると、やはり私たちの基本的な精神の中にふつふつと蘇ってくるのではないかと考えているわけです。

日本国史学会というのも、我々の中にまだ脈々として残っている日本の伝統や文化というものをもう一度蘇らせるという運動でもあるわけです。対外的には慰安婦問題、あるいは南京虐殺問題などへの対応もありますけれども、やはり日本人本来のあり方の発見というか再発見こそが、我々に課せられた課題だろうと思います。

そして王政復古の本質を捉える際に、「近代化」という言葉に囚われてはいけないということです。あたかも近代化あるいは「西洋化」こそ文明開化だったと言われることがありますが、「開化」したんじゃない。西洋の動きに我々が対応しただけ。つまりその西洋というものに溺れてしまってはいないのです。「文明開化」をして表面的に西洋化していくと同時に、それが日本回帰になっているということ。この心理構造というもの自体は今の我々も等しく持っているんじゃないかと思うのです。我が国は一旦西洋を見て、表面的には西洋化しました。明治以降そして第二次世界大戦以降これだけ西洋化する中で、西洋はこれだけキリスト教化させせようとした〝外敵〟である西洋文明、アメリカあるいはユダヤの人々が、逆にそういう勢力に対抗する日本というものをあぶり出し、取り戻そうとさせたのです。そうすると世界と対峙する日本という、その姿が顕在化してきます。そういう意識もやはり明治の人たちの中にあったに違いない、と私は見ているわけです。

明治の頃の人々のことを今日の講師である先生方の話を聞きながら、我々自身が考えていこう、それが今回のシンポジウムの趣旨となるでしょう。

講演

日本人に「日本」を自覚させた本居宣長

吉田悦之

昭和三十二年九月、三重県松阪市生まれ。昭和五十五年三月、國學院大学文学部卒業。財団法人鈴屋遺跡保存会研究員。以後、主任研究員、研究室長を経て、平成二十一年、館長就任。公益財団法人鈴屋遺蹟保存会常任理事を務める。主著に『日本人のこころの言葉　本居宣長』（創元社）、『宣長にまねぶ』（致知出版社）がある。

みなさんこんにちは。本居宣長記念館の吉田でございます。私は今紹介していただきました通り、四十年余り「本居宣長、本居宣長」と言い続けて参りました。もちろん私にも名前はありますが、「本居宣長先生」の名前を口にすることが多い。そのような訳で宣長のことしか存じません。

さてそのような毎日を送っておりますが、そろそろ何か一つの見通しをつけないといけないということで、いろいろ考えて得た結論が、宣長という人は私の理解を遙かに超えていること、大変不思議な人であるということでした。それをまとめたのが、『本居宣長の不思議』という本です。記念館から刊行しました。

しかし、「不思議だ、不思議だ」といっているだけではどうにもならないので、もう少し前に進めることは出来ないかと、今年の二月に『宣長にまねぶ』（致知出版社）という本を執筆しました。

『古事記伝』をはじめとして、宣長の遺した仕事の素晴らしさ、また人生の見事さは誰しもが認めるところです。しかしその全体像を把握することはなかなか難しい。内容だけではありません、質量ともに驚くばかりです。

一人の人生で果たしてここまで出来るのか、これが私が「不思議」と呼ぶ理由ですが、しかし理解は困難でも、「まねぶ」、つまり真似することはできるだろう。宣長という自分の志を遂げた、つまり成功者を少しでも真似してみたら、私たちの考え方も、すっきりするのではないか、あるいは見えなかったもの、忘れていたものが見えてくるのではないかと考えたのです。

さて、今日の講演ですが、テーマである「王政復古」ということで、果たしてどのような話が出来るのか、承引した後でいろいろ考えてみたのですが、これがなかなか難しい。漠然と考えたら、宣長は国学の大成者であり、このことは小学校の教科書にも書かれていますが、その国学の思想が王政復古の大きな影響を及ぼしたことは紛れもない事実です。では宣長のいったいどの著作の、どの箇所が、ということを説明することは、実はそんなに容易なことではありません。そこで今日は少し別の角度からお話してみたいと思います。

明治維新を回顧すると、誰しもその時代の人々の立派さに感嘆する。日本人はこんなに素晴らしいのだという思いを等しく抱かれるでしょう。しかし、彼らは別に動乱期だから出てきたのではない、半世紀以上も前の宣長の生きた時代、つまり十八世紀後半も、素晴らしい人材が数多輩出していたのです。宣長の生涯を追えばその思いが一層深まるのです。そのような話を今日はさせていただきます。

本居宣長は、享保十五年（一七三〇）五月七日夜の子の刻に伊勢国松坂に生まれ、享和元年（一八〇一）九月二十九日夜の子の刻に七十二歳で亡くなり、十月二日に松坂郊外の山室山奥墓に埋葬されました。ところが宣長の「日記」は、生まれる前年の記事で始まっているのです。父定利が大和国吉野水分神社に子供を授けてほしいと祈願をした、これが宣長の意識としては、自分の人生の最初となります。

このように始まった宣長の人生は、生前のことは宣長自身の筆で記録される、何しろ「日記」は誕生前から記録する人ですから、その記述は簡略ながら、きわめて正確です。どのような人生を歩んだか、なぜ商家に生まれたのに医者となり、『古事記』を研究するようになったのか、その過程がよくわかります。

ところが、没後となると、これがよくわからないのです。仕方が無いことです。宣長の学問が認められたら一人歩きが始まります。また、偶像化も進む。反論する宣長がいないから安心して批判が出来るということもあって、問題は錯綜してくるのです。

まずこのあたりから見ることとしましょう。

近代への胎動というか、産みの苦しみといってもよろしいかと思います。

天保年間だから宣長没後三十年もたった頃、尾張の山田千疇という人物がこんなことを書いています。

「津ノ領内ニテハ本居派ノ学流禁制トシタルモ是等ノ類ユヱトシラル」

津は、現在の三重県の県庁所在地ですね。松坂の隣町です。藤堂藩の城下町で有造館という『資治通鑑』を刊行したことで知られる有名な藩校がありました。山田は、津では宣長学を禁制としているそうだという噂を聞いたのです。

真実か否かは分かりません。あるいは山田の仕える尾張徳川家での本居学の隆盛を牽制する狙いもあったのでしょう。

藤堂藩の方はというと、有造館督学つまり校長の齋藤拙堂という漢学者は、もちろん宣長の「漢心」批判をには反発し、

「本居が　もと掘りかねて　唐腐し　腐しながらも　唐の文字書く」

などと狂歌を詠み茶化しもしますが、一方では、足代弘訓《あじろひろのり》宛書簡で、宣長の学問には否定でも無く肯定するでも無く、取るべきものは取らないといけないとも書いています。足代弘訓は、伊勢神宮の御師で、宣長の孫弟子です。国学者、また経世家として、大塩平八郎などとも親しく交わった人です。吉田松陰も知己の一人でした。

水戸の方でも、宣長学を悪し様に言う人が出てきます。安政五年（一八五八）のことですが、水戸藩主の徳川斉昭を批判する中に次のような一文があります。

「前中納言殿（斉昭）悪意を起し候初発と申し候は、和歌を好み候より、本居学に入り」

「水戸家来反忠言上書写」

斉昭が悪意を抱いたのは、本居学が原因だと言うのです。その翌年、宣長没後五十八年目ですが、都では安政の大獄の嵐が吹き荒れ、五月二日には国事に奔走していた世古延世が逮捕されるという事件が起こりました。

延世は松坂の豪商黒部屋の息子で、足代弘訓に師事しその感化を受けて、三条実萬の知遇を得た人です。弘訓の門流ですから本居派ですね。

さてその彼を捕縛したのが大獄の首謀者である井伊直弼、その腹心の部下長野主膳です。主膳は謎の多い人物ですが、松坂の近郊、飯高郡宮前村で本居学を修めたことは間違いが無い。少し長くなりますが、藤井貞文博士の言をお借りしましょう。

「徳川氏が二百有余年の太平を致したのは、全く徳川氏の威徳で、将軍の賢愚でない。正しい近親を措いて英明を選ぶのは外国の弊で皇国の美徳に反する。我が国風は血の近い人を立つるに在り、且つ将軍の意志を矯

めて衆望に従ふのは道に非ず、と。直弼が紀伊慶福を擁立する根本的な根拠はここにあつた。井野辺茂雄先生は此の説に由り、直弼はその謀臣長野主膳（義言）から本居宣長の所説を聞き、此の説を執つたと解かれた。此の説は『井伊家秘書集録』所収の直弼が主膳に宛た書状に見える。之れは宣長の『葛花』の説であるが、斯かる理由は謂ゆる一つの理由であり、真相はおそらく斉昭に対する反感からであらう」

『宿命の将軍徳川慶喜』

ここには、宣長の学説が社会にどのような影響を及ぼしたかという問いへの一つの結論が出ています。もちろんこれは宣長に限った話ではないのかもしれません。

さて、本居派の影響を受けた二人が立場を違えて洛中で争っている同じ年、吉田松陰は入江に宛てた書簡の中で、「尊皇攘夷の四字を眼目として、何人の書にても何人の学にても其の長ずる所を取る様にすべし。本居学と水戸学はすこぶる不同あれども、尊攘の二字はいづれも同じ」

という風に説いています。拙堂と同じですね。

私は、宣長の学問は実践の学だと思います。意外に思われるかもしれませんが、「注釈」と言う手法は本文と向き合い、どのような手も受け止めることが必要ですから、立派な実践なのです。

代表作である、『古事記伝』や『続紀歴朝詔詞解』だけでなく、その思想を語った『直霊』でも、また学問法を書いた『うひ山ぶみ』でも、まず本文があり注釈を加えるという手法が使われます。空理空論ではない。言葉には裏付けがあります。それだけに時には相反するような言葉も出てくる。だから宣長学に拠ると言っても、「謂ゆる一つの理由」であり、悪く言えばどのような思想をも引き出すことは出来るのです。

さて、立場が異なる人が、これは宣長学だ、いや自分こそが宣長学だと言い立てるばかりでは、いったい明治維新にどのような影響を及ぼしたのか判然としませんね。そこで少し視点を変えてみることにしましょう。すると、一つ決定的なことがあることに気づきます。それは、学ぶ喜びを多くの人に知らしめたということ。また、考えたり判断する基準をしっかりと持てと説いたことです。きっと、我が国の人々が学問の歓びを享受し始めた、おそらく一番最初の物語です。

学ぶことの喜び、つまり自分で問題を見つけ、自分の頭で考える。宣長はそれを徹底して行った人です。国学者宣長の最大の成果は何か。人によっては『古事記伝』であるとか、『源氏物語玉の小櫛』、『字音仮字用格』や『漢字三音考』を挙げる人もあるでしょう。しかしもっと大事なものがあるように思います。それが「学ぶことの歓び」です。

享保十五年（一七三〇）に生まれ、二十八歳で医者として独立し、本格的に学問を開始しますから、その活動時期は十八世紀の中期から後期となります。この時期、宣長の登場によって我が国の学問の世界で新しい動きが生じていました。

田中道麿という弟子がいました。年は宣長より上です。まずこの人を取り上げることにしましょう。

道麿は美濃国の貧しい百姓の子です。奉公のために家を出、職を転々とし、駕籠舁きをしているときに出会った人の導きで学問の世界に目覚め、名古屋で古典を講じながら細々と暮らしていました。

ある時、宣長が刊行した『てにをは紐鏡』を入手、夜に床についてからもこの「紐鏡」で説かれた係り結びの法則を記憶する古歌と照らし合わせ、見事に一致することに驚きを覚えていたのですが、これもまた刊行された宣長の『字音仮字用格』の「おを所属弁」を読むに至って、そのまま家を出て松坂の宣長のもとを訪ねます。

しばらく学び、帰ってからの質問状に謝辞が述べられます。そこには、

「此春、松坂より帰りて後は、誠に誠に其ことしれる道丸と生れ替りたり」

とあります。私はこの春、松坂に行くことで生まれ変わることが出来ましたと言うのです。

彼が学んだのは「係り結び」の法則でした。それまではぼんやりとしかわからなかったことが、松坂で学びすっきりと理解できたというのです。

これに対して宣長は、

「てにをはのことの玉へる条々、ことごとく当れり、己れ多年此ことに心をつくし、自然のてにをはの妙所を見出たるに、誠に然りと信する人、天下にありやなしや、よし知る人なくとも、道麻呂主一人己か功を知り玉へば、己が功むなしからずと、悦びにたへずなん」

私の発見を誰か理解してくれる人がいるだろうかと思っていたが、たとえ皆が理解してくれなくてもあなたが理解してくれたなら、私が長いことやってきたことが無駄でないことが分かったと宣長は喜ぶのです。

次に紹介するのは、寛政九年（一七九七）の末田芳麿の話です。安芸国の広島の人で比較的裕福な商人です。芳麿は、故郷の友人に当てた書簡で、

「同（四月）三日昼前松坂着、すぐに本居へ罷越候処、

当日は歌会にてるすと申事故、たづねて早速対面仕候。其夜は本居家にて万葉講尺承大慶仕候。甚先生も御多用に相見へ申候。此節は肥後熊本よりも儒者二人寄宿被致候外に紀州遠州尾州阿州皆々学者衆ノ出会にて不怪事にてキモヲツブシ申候。夫故一向何にても頼ノマレガタク御座候。委細は帰国の上御咄可申述候。四日夜津谷川へ泊り是亦世話に罷成申夫より関へ出」

と報じています。この日の歌会は、熊本から来た儒者である「高本順」の来訪を歓迎し松坂愛宕町菅相寺で開かれた臨時の会でした。夜の『万葉集』講釈も来訪者からの懇望によるものであったかもしれません。熊本からの儒者二人の他に、紀州（和歌山県）、遠州（静岡県）、尾州（尾張・愛知県）、阿州（阿波・徳島県）からも訪問者がいたというのです。

先生への土産にと山繭一反を背負ってやってきた芳麿には、自分のように学問に熱心なものは他にはいないだろうという気持ちがあった。ところが、何のことはない、全国各地から勉強に来ていると肝を潰したのです。カルチャーショックです。自分が住む村や町だけが国ではない、もっと広い世界があることへの驚き。あるいは自分と同じ志を持つ人が居ることへの歓び。

私はこのような驚きや歓びが、この国を近代へと導く原動力となったのだと思います。

さて宣長は、この日はたまたま昼間は歌会でしたが、平素は町医者です。遠いときには伊勢あたりにまで往診に行きます。諸国からの来訪者は、先生が留守の間は『古事記伝』のような著作や『万葉集』や『源氏物語湖月抄』などの手沢本を写しなどし、また来訪者同士、話をしながら先生の帰宅を待っていたのでしょう。

お互いの話といえば、竹村茂雄という人が、やはり広島から来た橋本稲彦と対話したという記事が残っています。竹村茂雄は、伊東多三郎さんが『草莽の国学』で深い共感を持って紹介された人ですが、伊豆半島の熊坂村の庄屋です。宣長のもとで学びいろいろ教わるのですが、また、他国の人との出会いも印象的だったようで、

「いみじう遠きさかひの人なりければ、うちいづることのはも何となくめづらかに、きゝもなれぬわたりのことなど、かきくづしかたらふ」

お互い方言があって、どうやら言葉が通じないようです。

例えば秋田の横手とか熊本の山鹿から宣長の所にやって来ます。彼らは松坂で歌を詠んだり、黙々と本を写したりしている。もっと先生に聞いておいてくれたらと思うのですが、問答記録は残っていない。

ひょっとしたら方言の壁があったのではと勘ぐってしまいます。

もちろんそれだけではない。宣長が耳が遠かったことも一因かもしれません。

岡山県の吉備津神社の神官、藤井高尚は大変熱心で、また『伊勢物語新釈』など優れた業績を残した門人ですが、松坂来訪時のこととして、宣長先生は耳が遠いので筆談したと証言しています。にしても対座しているわけですから、本人たちが思う以上に訛りの壁は厚かったのかもしれません。ちなみに宣長は『古今集遠鏡』で『古今集』の歌の俗語訳を試みています。俗語、つまり口語訳ですね。このときの試みが、明治の標準語制定につながったという説もあります。

近代への歩みとは、このような問題を一つずつクリヤーしていくことでもあるのです。

宣長は、共通語として当時の京都での言葉を採用していますから、京言葉は自在に使えたはずですし、それなら地方の人でもほぼ聞き取ることは出来たようです。

享和元年（一八〇一）、ちょうど今頃の季節ですが、宣長は京都四条烏丸の旅宿で講釈を行います。その時の感想を伊予国八幡浜の二宮正禎は、

「先頃、鈴屋大人在京之時、御講釈ニ毎日出席仕候、源氏・万葉おもしろきこといはん　かたなし、げに独歩之先生と毎日嘆息仕候ことに御座候」

と故郷の人に報じています。宣長の講釈はため息が出るほど面白った。これも田中道麿の目から鱗が落ちるどころではない、生まれ変わったという証言と共に、大切なことです。

学ぶことの歓びは、住国や、身分の違いをも易々と越えていったのです。

身分の隔てなく学ぶ、これはどこの国でも同じというわけにはまいりません。外国のことをご存じの方ならよくお分かりのはずです。ヨーロッパでも学問は一部の特権階級、あるいはエリートの専有物だった時代が長く続いた。いや、国によっては未だにそれが残るところもあると聞きます。しかし、日本は十八世紀も半ばになると、誰でも志があれば学ぶことは出来た。知的好奇心には垣根がないのです。

その伝統は今でも続いている。

例えばミシェル・フーコーが本国でどの程度読まれているのかは知りませんが、私の住む三重県松阪という田舎の本屋にもある。時には平積みされていることもある。レヴィ＝ストロースやラカンまで並んでいる。もちろん読んで理解しているかどうかは、これは別問題です。

そんな国で出版文化の花開いたのが十八世紀だった。またこの時代、文字情報だけでない、地図や浮世絵、諸国名所図会など画像情報まで続々と発信されていきました。紙媒体だけではない。光学機器も生活の中に確実に広がっていったのです。見える世界が爆発的に広がりました。「富士山」と聞けば、たとえ実際見たことのない人でも、その形や威容をイメージできるし、あるいは飲んでいる水を顕微鏡でのぞきその不潔さに驚き、太陽、月を観察し『古事記』の神話を疑う、そんな時代が到来したのです。

さてここまでが実は前置きです。今日の本題に入っていくこととしましょう。

宣長が伊勢国松坂で最新の歴史や古典研究を行い発信する。方法は出版、そして伊勢の神宮に近いという地の利を生かした通信網や、交通の利便性が追い風となりました。書信での質疑応答や来訪が活発化する。それによって、一地方都市に人が集まってくる。今ならさしずめカリスマ的なシェフがいる店に、それだけが目的で、わざわざ遠くからやってくるようなものです。グルメか学問かだけの違いです。「だけの」と言いましたが、そこには千里の逕庭があることは申すまでもありません。

知識を求めて旅をする、つまり「歩く」。

幕末の志士はよく歩きますね。坂本龍馬でも吉田松陰、勝海舟と皆よく歩きます。歩くことで人はつながり、新しい知見も得られるのです。必要あって無意識に移動するだけでなく、松陰も『西遊日記』の序に、

「発動の機は周遊の益なり」

と書いています。

先ほど申し上げたように、熊本から両親と十五歳の娘さんが『古事記伝』を写すために二か月もかけて松坂までやって来たのと同じ享和元年（一八〇一）の話ですが、上京した宣長は、四条烏丸で講釈します。今もその場所には記念碑が建っています。その時の聴講者の中に、飛騨高山の薬種問屋の田中大秀がいました。弱冠二十五歳。

大秀は何をしたか。今ならさしずめ「追っかけ」と呼ばれそうですが、宣長の行くところには講釈だろうが歌会だろうがついて回ります。やがて宣長は松坂に帰り、大秀も故郷へ帰っていきました。

飛騨高山に帰り、二ヶ月経つか経たないか、伊勢から一通の手紙が届きました。宣長の死を伝えるものでした。実質二ヶ月半ほどしか師事することが出来なかった大秀ですが、それから、没するまで四十五年もの間、毎年師の命日にはその画像を掛け、影前会という追慕の会を開いたのです。

さらに感心するのは、亡くなる前の年ですが、大秀は越

前の門人達の招きで福井に参ります。そこでは何を講釈したか、大秀の主たる研究領域は平安朝の物語です。『落窪物語』や『竹取物語』、『枕草子』、また越前と関わりの深い継体天皇などについても見識を持っています。しかし、選んだのは『万葉集』でした。しかもそれは享和元年の宣長の講釈の再現だったのです。

当時の講義メモが残っています。若かった自分に感銘を与えた講釈を、越前の若者たちにも聞かせてやりたいと大秀は思ったのです。使ったテキストの『万葉集略解』にも、師説と講釈の進捗状況が記されています。

大秀の講釈を聞いた一人が、橘曙覧です。

曙覧には『独楽吟』という有名な作品があります。清貧の中での心の楽しみを歌ったものです。この作品が我が国で広く知られるようになったのは、アメリカ大統領だったクリントンさんがスピーチに引いたことがきっかけでした。日本らしいと言えばいえるのですが、その中の一首に、

「たのしみは　鈴屋大人の　後に生まれ　その御論しをうくる思ふ時」

があります。宣長先生の後に生まれてきてよかった。存分に先生の学問を学ぶことができるのだから、という歌です。

ただ息子と松坂を訪れるとやはり心は揺れ動き、もし同じ世に生きていたら、宣長先生の下足番をもしたものをと嘆じているのです。

一体、大秀や曙覧は宣長学のどこに共鳴したのでしょうか。その学説もですが、私は、学ぶ歓びを知る人への共鳴、あるいは羨望だったのではないかと思います。

宣長という人は、自分の心の中に芽生えた疑問を大切に育てていくことが出来た人です。

十五歳で、『神器伝授図』を書きます。中国の皇帝の精細な系譜です。それまでに学んだこと、当時は書道を習っても『千字文』であり、寺子屋でも『小学』や『四書』が教科書です。謡も五十二番習っていますが、それも彼の国の歴史種が多い訳ですから、元服するにあたって、修学の総まとめに選んだのは、中国の歴史のおさらいだったのです。

約十メートルの長巻を写し、革命や異民族侵略による王朝の断絶の所には赤線を引く。出来た巻物を伸ばし、また巻き、を繰り返すと、四千年の歴史は断絶の繰り返しであったことが一目瞭然です。

同じ年に写した『職原抄支流』を見れば、我が国は制度としては揺るぎないことが分かる。つまり両巻を比較すると、両国の歴史の構造の違いが明白となります。

連続する国と断絶を繰り返す国。見えないものが見える時代となったと言いましたが、二つの国の歴史の構造が一

目瞭然となったのです。

これだけ違うのに、無批判で中国をお手本にしていることへの疑問、これが宣長の生涯のテーマとなります。また、これだけ断絶を繰り返しながら、彼の国にしつこく巣くうものの存在に気づき、警鐘を鳴らすことになるのですが、そのことは、ご承知の通りです。

もう一度少年期に戻ります。中国と日本の違いの次は、ところで「日本」とは一体どこからどこまでかというこれまた素朴な疑問です。

十七歳の「大日本天下四海画図」は、幅二メートル、縦一・二メートル、かなり大きな紙に大八洲と周辺国、三千百余の地名や路程、城下町には城主名など情報満載ですが、これを自分の手で書くことで、宣長は松坂魚町の一室で、紙の上ではありますが、全国を旅したと言うか、体験したのです。

自分の頭で考える、これほど難しいことはないのですが、宣長はそれを楽しむことが出来た人です。そこには歴史上の人物の目線で考えることや、手や口を使って実際に体験するという裏付けがあるのです。私が「実践の学」と呼ぶのはその謂です。

この「地図」と、十五歳の時の「系図」、これは宣長の情報整理、いや思考法と言っても良いかもしれませんが、大事な手法となります。

「天下四海画図」を画いた年、『都考抜書』というノートを起筆しています。京都の文献を諸書を博捜し細字で書き留めたものです。例えば今出川ならそこで過去に何が起ったかを示す史料を挙げる。また北野なら『日本後記』。『平家物語』、また高僧の伝記など実に様々な本から京都に関わる記事を引用し、その「場所」を立ち上げていくのです。かけがえのない場所だから「トポス」と呼んでも良いでしょう、地図によって特定された場所の経てきた時間を抑えるのです。

このような十代を経て宣長は母のすすめで医者となることを目指し、二十三歳で上京、綾小路室町西入に住まう堀景山という儒者の弟子となります。景山は、

「中国というのは正中の国である」

つまり規範となる国だと言ってはばかることのない朱子学者ですが、一方では日本古典にも造詣が深く、とりわけほとんど誰も注目していなかった契沖の学問を見いだした傑物です。しかも、「学問は歴史に極まる」という人です。

宣長にとっては、夢のような五年半となりました。

それにしても不思議なのは、このような優れた人であり

ながら、もし仮に宣長という弟子を採らなかったら歴史の闇に消えてしまうところでした。著書も『不尽言』と言う随筆めいた一冊が写本で伝わるだけ。弟子も宣長以外は全く無名。しかし証拠を挙げて考えよとする契沖の学問や、『日本書紀』を教えてくれたのもこの景山先生であり、信じれないほど深い宣長の漢字の知識も、この先生抜きでは考えられないのです。

　また、宣長の帰郷が決まると、この世から姿を消してしまうのです。宣長のためだけに生まれてきた、そんな人のような気がしてなりません。

　歴史の中にはこのようなことがあるのです。

　このような底知れぬ学識、いや人間性を有した景山のもとで宣長の学問は育まれます。

　その実際は、学習ノートによってたどることが出来ます。松陰先生は、本を読んだら覚え書をしておられたそうですが、宣長も生涯にわたりノートをきちんと書いております。その内の、例えば『本居宣長随筆』第二冊目を見ると、徹底して中国の勉強であることに驚きます。まず最初は、「王維詩集」の「送秘書晁監還日本国並序」、次は、林道春「阿部仲麻呂伝」、『小補韻会』の「倭」、「読」と続きますが、どこかで日本とは何か、あるいはもう一つの関心事である「歌」というものに向かう記事なのです。

　目標に向かって、ゆっくりと進んでいくのです。

　宣長の中で芽生えた疑問、その目標の解決に向かって、回り道しながらも、確実に進んでいくのです。そういう目で見ると、あまり人のものは批判したくないのですが、岡田千昭さんという愛知学院大学の先生、その方の発言に次のような発言があります。

「単なる政権委任論では国学者たる本居宣長の存在意義はない。そこで宣長は儒学との相違点を強調する必要性に迫られた。したがって彼は、権力支配の正当性を皇祖神から天皇へという皇統の連続性に求めたのである。このことは血統の連続性を重視することになり、儒学者の説く有徳者君主制と論理的には全く相容れないものとなった」

私はこれは逆だと思います。大政委任論を主張したいがために連続性というものを宣長は引っ張り出してきたのではない。連続をずっと考えていく中で大政委任論に入っていったのです。

　宣長は抽象的にものを考える人ではありません。

　ご飯を食べる。うまい。毎日食べも飽きない。するとこの米が育つ国ということを考える。「日本が素晴らしい」ではなく、逆なのです。故人ですが中村幸彦は、宣長の『直毘霊』を批判して「かかる宣長の道の論を果たして思想と呼べるであろうか」と批判していますが、論理的な一貫性を言うなら、宣長は思想家ではない、と言うより宣長自身が「そんなのは願い下げだ」と言うでしょう。古典の言葉にどこまでも寄り添うのが宣長の学問ではなかったかと思います。

そして、無理がないこと、日常生活や身の処し方、また学問においても急転換や飛躍がないのです。何事にも丁寧に処するのです。

十八世紀後半、日本は視覚革命が起こったとお話ししましたが、与謝蕪村が、

「稲づまや　浪もてゆへる　秋津しま」

という句を明和五年（一七六八）七月二十日に作りました。稲妻がパッと暗闇の中で光る。その下で、暗い海の中に浮かんでいる島、日本、大八洲の国が閃光の下、一瞬だけ浮かび上がる、ダイナミックな俳句ですね。

こういう視点が出てくる時代です。

さて宣長に『国号考』という本があります。宣長が日本の国の名前について研究したものです。『古事類苑』でもまるごと引用していますが、国号についての基本文献といって良いでしょう。ではなぜこんな研究を試みたのか、普通なら、「日本人だから」という意識が働いたと考えがちですが、宣長の場合どうも違います。自分が好きな「歌」が、「和歌」と呼ばれる。あるいは『古今集』に、「やまと歌は人の心を種として」と書かれている。では、「和」とは何か、「大和」とは何かと考えていくのです。

その『国号考』に、

「（葦原中国とは）いといと上つ代には、四方の海べたはことごとく葦原にて、其中に国処は在りて、上方より見下せば、葦原にめぐれる中に見えける故に、高天の原よりかくは名づけたるなり」

「上方より見下せば」、蕪村はランドサットのような人工衛星なのかもしれませんが、宣長の場合は高天原からという違いはありますが、全体把握という点では共通する。視覚革命とは大きな視座に立つことでもあるのです。

先程、十七歳の時に「大日本天下四海画図」を描いたという話をしました。今の私たちは素晴らしいと思いますが、宣長の母の気持ちを慮ってみると、非常に不愉快だったかもしれない。本当なら商売の修行に身を入れないといけないのに、部屋に閉じこもってせっせと描いている。夜は暗くて書けませんからおそらく昼間でしょう。いい若い者が何をしているかといいたくなるところでしょう。しかし、

これを眺めた母は内心驚嘆したはずです。自分が住んでいる国の全体像など、なかなか見る機会などないし、ましてやこれほどの大画面だと、ああ主人が亡くなった江戸だと松坂との距離に思いをいたしたでしょう。京都や大坂はいったこともあるはずです。名前だけ聞いた場所がある。富士山はこのような形なのかと、衝撃を受けたことでしょう。ましてや弟や妹は、お兄ちゃんすごいと目を丸くしたのではないでしょうか。

より具体的に、ものが考えられる時代が到来したのです。

「考える」とは、物事を向かい合わせることだとは『古事記伝』の宣長説ですが、旅など庶民の移動も活発化し、出版も盛んとなり、情報量が飛躍的に増大する。そこに新しい視座を獲得したのです。

ただここで宣長の立派だったのは、日本人という立ち位置を忘れるなという態度を堅持したことです。蕪村の友達で上田秋成という人がいますが、宣長との論争の中で、どこの国でもその国の魂が臭気だと言い放ちます。

「やまとたましいと云ことを、とかくにいふよ。どこの国でも、其国のたましいか国の臭気也」　『胆大小心録』

現代人ならすぐに飛びついてしまう発想ですね。

宣長の考えははっきりしています。

「すべて何事も、もろこしはもろこし、皇国は皇国、今は今、昔は昔なるを、儒者などは、ひたぶるにもろこしの国俗《くにぶり》を本として、物をさだめ、今の人は、今のならはしになれて、昔を怪しむ。これ皆かたおち也」『源氏物語玉の小櫛』

物差しを間違えてはいけないのです。古代中国の物差しで今の私たちを測ることは出来ないし、私たちの物差しで古代を考えることは出来無いというのです。

宣長は、こんなことを言って笑っています。

「我は、そなたの国の事はよく知れれども、わが国のことは知らずとは、さすがにえ言いたらじをや。もしさも言いたらんには、己が国の事をだにえ知らぬ儒者の、いかでか人の国の事をば知るべきとて、手を打ちて、いたく笑いつべし」　『玉勝間』

日本の儒学者が中国に行き、「私は貴国に憧れて一所懸命勉強していたので、日本のことなどよく存じません」といえば、中国人は笑うだろうと宣長は言います。これは、決して昔の話ではないのです。

借り物はどこまでも借り物なのです。自分の拠り所賀を明確にしないと、デラシネとなってしまいます。

さて、文化圏の違う国の間はそれで良いとしても、では、昔と今はどうするか。

宣長は「本と末」ということを言います。「ミカン」を例に引き、物質文明の発展を認めその恩恵に浴することの有難味を言います。今は今の世で良い、未来はもっと便利になるだろうとも言います。しかし、「本《もと》」を忘れてはいけない。たとえば我が国の場合は、古代から現代に至るまで文化の断絶はないわけですから、より根源的なものが古代にはあった可能性があるわけです。

これが宣長のいう「本と末」なのです。

古典を学ぶのは、その「本」を知ることなのです。

この話はまだまだ続くのですが、この後は、ぜひ松阪の本居宣長記念館に来ていただき、宣長の残した膨大な資料と、私の話を聞いていただきたい。展示を見ていただけば、実に不思議な人であると言うことがよくお分かりいただけるはずです。

そして、人間の為し得ることの素晴らしさに驚嘆されるでしょう。また、日本に生まれたことの素晴らしさを実感されるはずです。

とりあえず私の話はこれで終わります。ご清聴ありがとうございました。

講演　王政復古と吉田松陰　川口雅昭

この講演につきましては、川口先生の原稿を最後までお待ちしましたが、ご都合で掲載できませんでした。

第2次世界大戦とは、一体どういうイズム同士の対決だったのか？

―歪曲された構図を根底から覆す

山下英次
（大阪市立大学名誉教授・経済学博士）

はじめに

戦後、第2次世界大戦について、あれは「民主主義の連合国 対 ファシズムの枢軸国」の戦いだったとする戦勝国の側からの一方的な見方が概ね支配的となり、今日に至っている。しかし、実は、戦勝国によって、このように決めつけられた基本的な構図そのものに大きな疑問がある。特に、日本から見た場合、そのようなことがかなりはっきりと言える。

その理由の第1は、後段で仔細にみるように、そもそも日本はファシストの国家ではなかった。第2に、連合国には、民主主義とはかけ離れた共産主義的全体主義国家のソヴィエト連邦が加わっていた。これだけでも、「連合国＝民主主義同盟」という構図は完全に崩れる。さらに言えば、事もあろうに、完全なる共産主義的独裁体制下にあったスターリンのソ連と同盟を組んだルーズヴェルト政権のアメリカは、実は、一体どのような体制の国であったのかも問われるべきである。第3に、当時、中国は、1930年代後半から、米国、英国、オランダと共に、日本に対する経済封鎖のためのABCD包囲網を築いていた一角であったが、その中国を一応代表していた蔣介石の中華民国は、今日、多くの権威ある歴史家が指摘しているように、ファシズムの体制にあったと定義して、まず差し支えない。

ところで、当時の主要国がどのような主義をもった体制であったかを理解するには、第2次世界大戦の勃発へとつながった当時の世界の潮流を、巨視的に把握しなければならない。すなわち、世界的に大変な大混乱期であった両大戦間を政治・経済的にどのように分析するかがポイントとなる。両大戦間期を世界的な混乱へと導いた諸要因を、ビッグ・ストーリーの視点から俯瞰することにより、当時の主要国がどのような体制であったのかを理解しようということである。

本稿では、以上のような問題意識の下に、第2次世界大戦とは、本当は、一体どういうイズム同士の対決であったかを明らかにすることを通じて、従来のステレオタイプ的な戦勝国の歴史観に対するアンチテーゼを提示することにしたい。また、そのような認識の下に、日本が、今後、国際社会でどのように歴史論戦を展開していくべきかについても考えることにしたい。

1. 歴史論戦の2つのフロント

いわゆる歴史認識を巡る論戦のフロントは、大きく分けて2つある。一つは、慰安婦問題や南京問題、あるいはごく最近、問題化している徴用工問題などのように、個別問題であり、いま一つは、マクロ的な歴史認識の問題である。後者は、言い換えれば、第2次世界大戦とは、どういうイズム同士の対決だったのかということでもある。

従来は、主として、個別問題に関する韓国や中国からの対日批判や攻撃に対して、日本側が反論することに、大きな努力が注がれてきたと言ってよい。しかし、これらの個別問題も、実は、マクロ的な歴史認識、すなわち、一言でいえば、GHQが主導した東京裁判史観を前提としている。それが、根底から崩れれば、個別問題に関する中国や韓国の主張も崩れることになる。したがって、マクロ的な歴史認識を覆すことの方が、個別問題に対応することよりも、実ははるかに重要である。本稿では、この後者の問題を取り扱う。

しかし、日本政府が公式にマクロ的な歴史認識を転換させようとすると、たちどころに国際社会から批判され、実行するのは非常に難しいのが実情である。ドイツの場合は、いわばヒトラー一人を悪者にして、第2次世界大戦を総括したようなところがあり、それは、本来的にはかなり問題があるのであるが、現時点では、国際社会はそれを評価してしまっている。その結果、歴史認識に関しては、現在、主要国では、事実上わが国だけが唯一、いわば「被差別国家・民族」のような扱いを受けている。

ドイツはさすがにそうとは言えないと思うが、基本的には、ほとんどの国が、自分たちの都合の良いように歴史を解釈している。アメリカ、ロシア、イギリス、中国、韓国などその意味で、いわば「自賛史観」の国であり、いずれも自国の歴史を著しく過大評価している。他方、戦後7年間近く続いた占領下における徹底した言論統制を伴うGHQの洗脳によって、ほぼ日本だけが、いまだに重度の「自虐史観」に陥っている。日本の主要メディアの多くが、いまだにGHQの洗脳教育の優等生ともいえる存在だからである。

わが国としては、この状況を何としても打開する必要があるが、国際社会からの有言・無言の圧力があるため、いま、日本政府は、事実上、歴史認識に関してマクロ的な転換もしくは修正をできない状況にある。換言すれば、わが国は、いわば自虐史観の受容を国際社会から事実上強制された状態にあるといえる。したがって、われわれ民間が、この点について積極的に発言して、突破口を開いていく必要がある。

2. 第2次世界大戦を導くことになった第1次世界大戦

第2次世界大戦が、どのようなイズム同士の戦いであったのかを理解するためには、同大戦の背景と要因を正しく把握しなければならない。第2次世界大戦発生の大きな背景として、両大戦間期の世界が、前例のないような極めて混乱した状態にあったことが言える。そうした大混乱をもたらした要因はいくつかあるが、まず初めに挙げなければならないのは、第1次世界大戦が世界にもたらした極めて大きな悪影響である。

1815年に、ナポレオン戦争が終結して以降、第1次世界大戦が始まるまでの約1世紀にわたり、ヨーロッパでは大きな戦争が起こらずに、「ヨーロッパの協調」("the Concert of Europe")の時代が到来したとか、あるいは「19世紀は古き良き時代」だったなどと言われるが、それは、ヨーロッパ域内のことにすぎない。世界全体で見れば、19世紀は、欧米列強による帝国主義的領土拡大の時代であった。1800年頃、列強は、すでに世界全体の約35%を支配していたが、第1次世界大戦の直前には、世界全体の約84%を支配するまでになり、その間、植民地は飛躍的に拡大した。このように、19世紀は、世界が、欧米列強の力による支配に蹂躙された時代に他ならない。それ以降、2つの世界戦争を経て、第2次世界大戦後、ようやく多くの国々が独立を果たしたのである。すなわち、19世紀初頭からの世界史の大きな潮流の中で、第2次世界大戦を位置付けるという視点を持つことが肝要である。

第１次世界大戦による戦死者は、戦闘員で１，０００万人以上、非戦闘員で９００万人、合計２，０００万人近くに達した。戦後も、ヨーロッパは戦争の影から逃れることはできず、「１９２０年代は余震がまだ治まっていなかったし、１９３０年代は第２の地震が起きるという確信が日増しに膨らむ中で過ぎていった」（ノーマン・デイヴィス［２０００ｂ（１９９６）］、p.73）。政治的には、自由民主主義の方向に向かっていた戦前の傾向は止まり、戦後は、むしろ逆行し、多くの主要国で、全体主義（totalitarianism）の方向に向かい始めた。多くの国々で、暴力と権威主義が日常化し、政治の残忍化（brutalization）が進んだ。ナショナリズムが高まり、主要な国々において、ファシズムが勝利する事態となった（Stanley Payne［1995］，p.79）。すべての主要国が、軍国主義的政策を採用し、諸々のルールを破り、残虐行為を働いた（Stanley Payne［1995］，p.72）。

戦後、経済的には、ドイツ賠償問題に加え、戦勝国側の連合国の国々も、戦時負債（戦費債務）の返済問題を抱えることになった。戦後、ドイツは、賠償支払いによって、経済が著しく疲弊し、１９２２年夏から１９２３年秋にかけて、天文学的なハイパー・インフレーションに苦しんだ。国際通貨体制は、第１次世界大戦前は、英ポンドを中心とする金本位制の下で非常に安定していたが、戦争の開始とともに、そうした体制は崩壊し、両大戦間期は、遂に安定した国際通貨システムを再建することができなかった。不安定な国際通貨体制は、世界経済のパフォーマンスを低下させる大きな要因ともなった。第１次世界大戦によって経済的な大惨事を蒙ったヨーロッパと異なり、１９００年頃英国を抜いて世界最大の経済力を持つことになったアメリカは、戦後、純債権国となり、金準備も世界全体の40％を占めるなど非常に豊富であったが、まだ世界経済をリードする気概に乏しかった。チャールズ・キンドルバーガー教授（ＭＩＴ、１９１０～２００３年）は、米国が英国からリーダーのバトンを受け取ることを拒否したことが、両大戦期において安定した国際通貨体制を再建できなかった大きな要因であったと述べている。

また、第１次世界大戦終了前の１９１７年10月、ロシア革命が発生した。日露戦争での敗戦も、ロシア革命の一因になったとみられるが、やはり、第１次世界大戦が最大の理由であろう。ロシア革命政府は、帝政ロシアの対外債務の継承を一切拒否した。すなわち、対外債務の完全なる踏み倒し（repudiation）である。その結果、帝政ロシアに対する最大の債権者であったフランスが一番大きな影響を受けた。フランスが、１９１９年のヴェルサイユ講和会議で、ドイツに対して膨大な戦後賠償を要求することに固執したのは、そのことも大きく影響している。高名な英国の経済学者ジョン・メイナード・ケインズ（１８８３〜１９４６年）が、１９１９年12月、『平和の経済的帰結』で予言したように、ドイツに対する過大な戦後賠償が、約20年後にヨーロッパで第2次世界大戦が勃発する大きな要因の一つとなった（ケインズ［１９７７（１９１９）］）。また、ロシア革命は、政治的には、さらに大きな影響を国際社会に及ぼし、後にやや詳しく述べるように、第2次世界大戦発生の極めて大きな要因の一つとなった。

　第1次世界大戦中に発生したスペイン・インフルエンザ（the Spanish Influenza）[1]は、１９１７年から１９２０年にかけて世界中で猛威を振るい、当時の全人類の約3割、６億人が感染したと言われる。経済学者の速水融《あきら》は、「スペイン・インフルエンザによる死亡者は、世界全体で２、０００万人から4、５００万人、日本でも内地だけでも50万人近くに達する」と述べている（速水［２００６］、p.13）。世界全体の死亡者数は、第1次世界大戦のそれを大幅に凌駕したものと思われる。第1次世界大戦が長引いたことによって、衛生状態が大幅に悪化したことが、感染の爆発的拡大につながったものとみられる。このように、第1次世界大戦は、人類に対して、広範にわたって、非常に大きな惨禍をもたらし、第2次世界大戦の発生要因を幾層にもわたって蓄積していくこととなった。

3. 第2次世界大戦の最大の経済的原因としての世界大恐慌

１９２９年10月24日の「暗黒の木曜日」、ニューヨークの株価が大暴落し、それをきっかけとして世界大恐慌となり、１９３０年代の世界経済のパフォーマンスは大幅に低下した。世界貿易の規模（名目）は、１９３３年2月がボトム（底）となったが、これはピーク時（１９２９年1月）の僅か31.5%の水準にまで低下した。アメリカの労働者の4人に1人は失業した。ニューヨーク株価のボトムは、１９３２年半ばであったが、１９２９年のピーク時の水準を回復したのは、実に、第2次世界大戦後の１９５１年のことであった。

　１９２０年代のアメリカは、「ローリング・トウウェンティーズ」（"the Rolling Twenties"）もしくは「金ピカ時代」と呼ばれ、極端な楽観主義と浅薄な文化・社会風潮に支配された時代であった。特に最も繁栄した時期は、１９２６年から１９２９年にかけてであった。最終的には、株価の暴落によって経済的なバブルが破裂したわけであるが、このときも、御多分に漏れず、初期のバブル形成は、不動産投資から始まった。アメリカ人とイギリス人による米国南東部フロリダの大不動産投資ブームである（ガルブレイス［2008b（1990）］、pp.101-104）。この時期に、イギリス人の対米不動産投資が大幅に増加した背景は、1925年4月、イギリス・ポンドの金本位制への復帰である。このとき、英国は、1717年以来の金平価（ニュートン比価）[2]で復帰したが、これは明らかにポンドの大幅な過大評価であった。その結果、英国から米国への投資が急増したのである。

それから約80年後、2007-2008年に非常に大きな経済危機が発生するが、これも、やはりアメリカが発生源である。実は、長期統計を見ても、アメリカ経済に、最も頻繁に経済危機が発生することが明確に分かっている。ハーヴァード大学教授のカルメン・ラインハートとケネス・ロゴフは、1800年から2008年までの209年間における世界の主要国の銀行危機の数を調べた。その結果は、アメリカが15回、イギリスが13回、日本は7回、ドイツは4回に過ぎなかった。米国の場合、単純平均で、13.9年に一度は、銀行危機を経験してきたということである。これは、いかにも多すぎる。銀行危機の数を調べたのは、数えやすいからであるが、多くの場合、銀行危機は、経済全体の危機につながる。この結果の意味するところは、明らかである。アングロ・サクソン経済は、最も頻繁に、ブーム&バースト（経済的バブルの膨張と破裂）を繰り返し、その結果、世界経済全体に大きな惨禍をもたらすということである。すなわち、人々の貪欲さとか、投機的性格が強いということだと考えてよいであろう。ハーヴァード大学教授のジョン・ケネス・ガルブレイス（1908～2006年）は、「アメリカ人はいまだに投機を誘う気運に乗りやすい国民であり、この点は、誰しも認めざるを得ない」と述べている（ガルブレイス［2008a（1955）］、p.302）。

このように、危機を頻繁に繰り返す経済モデル（アングロサクソン・モデル）は、筆者としては、それだけで、劣っていると評価すべきだと考えるが、一般には、いまだにそのように認識されていないのは不思議というほかはない。いずれにせよ、世界経済全体に極めて大きな悪影響を及ぼすことになった1930年代の大恐慌は、第一義的には、アメリカもしくは米英両国に責任がある。そして、大恐慌は、間違いなく第2次世界大戦の最大の経済的原因となった。英国サセックス大学教授で歴史家のクリストファー・ソーン（1934～1992年）は、月並みな手段では大恐慌を克服できないことが明らかとなり、戦争に似た国民的力業《ちからわざ》を求める声が高まっていった、と述べている（ソーン［2005（1985）］、p.38）。

大恐慌の影響としては、世界経済の大幅な縮小によって、各国で失業が大幅に増大した結果、共産主義思想が広まった。ドイツでは、勢力を拡大する共産主義に対する対抗勢力として、ナチスが台頭した。ドイツの人々は、共産主義に対する恐怖から、ナチスにその防波堤となることを期待したのである。また、日本でも、経済的な苦境を背景に、大陸に進出しようとする力が働いたということもあるであろう。

大恐慌の経済的な影響としては、保護貿易主義的傾向の高まりと世界経済のブロック化があげられる。その結果、世界経済は、それによってさらに悪化するという悪循環に陥った。まず、「暗黒の木曜日」の直後の1930年1月、アメリカは、悪名高い「スムート＝ホーレイ関税法」を成立させた。その2年以内に、60カ国以上が、自国の関税引き上げで対抗し、保護貿易的傾向が世界に蔓延した。また、こうした米国の超保護貿易主義的な近隣窮乏化政策に対抗して、イギリスは、ポンド圏の形成、すなわち経済ブロック化の方向に動いた。1932年7月から8月にかけてカナダで開催された英連邦オタワ経済協力会議で、英連邦の9カ国の間で、「オタワ特恵関税システム」を合意した。その後、世界各地の英植民地がこれに加わり、人口規模と面積でともに、世界全体のおよそ4分の1を占めていた大英帝国の周りに特恵関税の壁が作られた。

すなわち、このように、第2次世界大戦の勃発の一番大きな経済的要因を、米英両国が、ほとんどすべて作ったわけであるが、戦勝したために、今日に至るまで責任を問われないままにされてきた。

日本への影響についていえば、大恐慌後、世界経済がブロック化した結果、各国は、自給自足経済（アウタルキー）を追求せざるを得ない状況となった。しかし、日本の場合、元々、資源が乏しい上に、さらに1930年代後半からのABCD包囲網、加えて、1939年7月26日のアメリカによる「日米通商航海条約」の破棄通告という実質的には宣戦布告にも等しい一方的行為をはじめとする極めて厳しい経済制裁を受けたため、八方ふさがりの状況となった。こうした環境下で、戦争に追い込まれていったという面が強いことも指摘しておきたい。

4. 日米戦争における人種差別の要素

立教大学教授の松浦正孝は、大著『〈大東亜戦争〉はなぜ起きたのか─汎アジア主義の政治経済史』の冒頭部分で、昭和天皇が、終戦直後、東京裁判に備えて側近らに語った

「昭和天皇独白録」[3]の冒頭部分を引用して、昭和天皇が大東亜戦争の遠因を、人種戦争だったと捉えていたことを紹介している（松浦［2010］、p.2）[4]。

上記の独白録で、昭和天皇も述べているように、日本政府は、ヴェルサイユ講和会議などの国際場裡でも、熱心に人種差別の撤廃を働きかけていた。1919年、ヴェルサイユ講和会議の国際連盟規約委員会で、日本代表は、2月と4月の2度にわたって、「国際連盟規約」に「人種差別撤廃」の条文を入れるよう要求した。1度目は、同年2月13日、日本代表団は、国際連盟規約の第21条「宗教に関する規定」に、「人種差別撤廃」の条文を追加するように提案したが、「宗教に関する規定」そのものが削除されることになったこともあり、日本の提案は実現しなかった。2度目の機会は4月11日であり、日本代表の牧野伸顕は、国際連盟規約の前文に、「人種差別撤廃」の条文を盛り込むように主張し、採決に持ち込んだ。圧倒的多数（11対5）で日本の提案は支持されたが、この委員会の議長を務めた米国大統領のウッドロー・ウィルソンは、こうした重要案件の場合には、全会一致が必要だとして却下するという極めて不公正な議事運営を行ったために、またしても、日本の高い理念は実現しなかった（山下［2015］、p.94）。フランス代表のフェルディナン・ラルノードゥ（Ferdinand Larnaude）も、ウィルソンの議事運営を批判した。代表団の中では、イギリスが最も強硬に反対したが、アメリカ議会上院も強く反対していたために、ウィルソン大統領がこうした極めてアンフェアな議事運営に及んだたものと思われる。なお、このとき、日本提案に反対した英米以外の国々は、ポーランド、ルーマニア、ブラジルであった。

さらに、戦時中の1943年11月、日本は、アジアの7カ国首脳[5]を集めて、東京で大東亜会議を開催し、11月6日、「大東亜宣言」が採択された。この宣言の中には、人種差別の撤廃が明確に盛り込まれている。このように、日本は、当時の主要国としては唯一と言って差し支えないと思うが、国際社会の場で、公式に人種差別の撤廃を一貫して求め続けてきた。日本は、国際社会の中で、人種差別の撤廃を先導してきたのである。

他方、欧米諸国で、19世紀末から黄禍論が盛んになるが、その発端は、ドイツ皇帝ヴィルヘルム2世（在位：1888年6月～1918年11月）[6]自身が描いて、ロシア皇帝ニコライ2世に贈った寓意画「ヨーロッパの諸国民よ、汝らの最も神聖な宝を守れ！」だとされている。ヴィルヘルム2世自身は、この寓意画に、「黄禍」という言葉を使わなかったが、後にこれが、一般に、「黄禍の図」と呼ばれるようになる。これは、日清戦争後の1895年4月、ロシア、ドイツ、フランスによる下関条約に対する三国干渉の直後、その年の秋のことである（飯倉章［２０１３］、p.51）。この頃から、日本の台頭と、日本と巨大な人口を有する中国が一緒になって自分たちに対峙してきたら大変だという恐怖感が欧米諸国の間に芽生えてきた。反対に、日本では、日清戦争後の講和条約（下関条約）に対する三国干渉に強い不満と反発が、国民の間で高まっていった。

アメリカでは、人種差別的な措置の法制化が、20世紀の初めから相次いだ。特にカリフォルニア州で、こうした動きが先行した。まず、１９０６年3月、日本からの移民を制限する決議が州議会でなされた。次いで、１９１３年4月、日本人の土地所有を禁止する「ウェッブ＝へイニー法」が成立し、さらに、１９２０年11月には、事もあろうに、日本人の子供（米国籍）に対してまでも、土地所有を禁止する法律が成立した。さらに、とどめは、１９２４年7月1日、米国連邦議会で、「絶対的排日移民法」（ジョンソン＝リード法）が成立（施行）したことである。

日本を代表するような当時の親米派のリーダーたちでさえ、日本を標的にしたこの「排日移民法」が持つあからさまな人種差別と不正義に憤慨した。例えば、クエーカー教徒の新渡戸稲造は、「実にけしからん。アメリカのために惜しむ。僕はこの法律が撤回されない限り、断じてアメリカの土は踏まない」と誓い、度重なるアメリカでの講演を断った（蓑原俊洋［２０１６］、p.２８７）。また、新渡戸は、別の機会に、「排日移民法は、私にとって晴天の霹靂に等しく、肺腑をえぐる激痛でした」とまで述べている。内村鑑三も、「第一、成るべく米国に行かない事。第二、成るべく米国品を使わない事。第三、成るべく米国人の援助を受けない事。第四、成るべく米国人の書いたものを読まない事。第五、成るべく米国人の教会に出入りしない事によって、この〈不愉快極まる問題〉に対する日本人の憤りをアメリカ人に知らしめるべきである」と説いた（蓑原俊洋［２０１６］、pp.２８８-２８９）。終戦後の１９４８年に首相となる芦田均は、１９２５年に、前年の「排日移民法」を振り返り、「年来吾々が米国に対して示した紳士的態度を無視し、又日本人の米国に対する信頼の念を裏切ったことは、最も不幸な出来事として痛嘆するところ」と述べている（蓑原俊洋［２０１６］、p.２８９）。熱心な親米派の三氏にしてこれであるから、当時、日本国民全般が、米国の「排日移民法」に対して、如何に強い義憤を覚えたか理解できるであろう。

われわれが日頃旅行で訪問する際、ヨーロッパでは人種差別的な目に遭うことはほとんどないが、アメリカでは差別されたと感じることがある。その意味で、アメリカは、欧米諸国の中でかなり特異な存在である。奴隷制を２５０年間[7]近くも続けてきた歴史的な背景から来るのであろうが、率直に言って、アメリカは、まだ荒々しさがかなり残っている社会と言えるのではないだろうか。

アメリカ外交政策の伝統を、４つのパターン[8]に分類したことで有名なニューヨークにあるバード大学教授のウォルター・ラッセル・ミード（１９５２年～）は、アメリカは、世界史においてもっとも危険な軍事大国（military power）だと述べている（Mead［2001］, p.219）。ミードは、アメリカは、第2次世界大戦の最後の5カ月間で、２つの原子爆弾を除いても、90万[9]人の日本の市民を殺害したが、これは、アメリカのこれまで（１９９９年のコソヴォ紛争まで）の対外戦争による戦闘員の死亡者の累計（44万人余り）の2倍以上であると述べている（Mead［2015］, p.218）。また、ヴェトナム戦争に投下された爆弾の総トン数は、第2次世界大戦で使用された爆弾の3倍近くに上ったと述べている（Mead［2001］, p.219）。

ミードの言葉を待つまでもなく、世界史上最も残虐な戦争をしたのは、第2次世界大戦におけるアメリカであり、その最大の被害者は日本人であった。また、おそらく、ヴェトナム戦争におけるアメリカの残虐性は、それに次ぐものであろう。化学兵器を最初に使ったのは、第1次世界大戦におけるドイツ軍であるが、これまで最も大規模に化学兵器を使用したのは、ヴェトナム戦争におけるアメリカ軍による枯葉剤の使用であろう。

5．ルーズヴェルトが犯した法外な大失敗とその帰結

ＧＨＱ参謀第2部（Ｇ２）部長で反共主義者で知られるチャールズ・ウィロビー少将（１８９２～１９７２年）は、回顧録の冒頭、最初のパラグラフで、以下のように述べている。「この回想録を書くにあたって、私がまず第一に言いたいことは、太平洋戦争は行われるべきではなかった、ということである。米日は戦うべきではなかったのだ。日本は米軍にとっての本当の敵ではなかったし、米国は日本にとっての本当の敵ではなかったはずである。」（ウィロビー［１９７３］、p.15）。この言葉は、日米両国にとって誠に重く、日米戦争とは、一体何だったのかを問わないわけにはいかない。

共産主義的全体主義の絶対的独裁者スターリンと同盟を組んだ米国大統領フランクリン・ルーズヴェルト（ＦＤＲ、在位：１９３３年3月～１９４５年4月）は、第2次世界大戦後から今日に至るまでの世界情勢を振り返ってみても、

外交政策上、「途方なく大きな失敗」（“a colossal mistake”）を犯したと言ってよいのではないだろうか。１９３６年８月、ソ連共産党書記長のスターリン（在位：１９２２年４月～１９５３年３月）は、「第１回モスクワ裁判」を開催したが、これは、第２次世界大戦中は中断されるが、戦後も、彼の死まで延々と続くことになるおぞましい粛清の始まりであった。しかも、この裁判は、世界のジャーナリストも招いて開催されたものであり、世界中に知れるところとなった。それにも関わらず、ＦＤＲは、スターリンと手を組み、日本やドイツと戦うことを決心した。１９３０年代後半、ドイツでもフランスでも、指導者の多くは、スターリンよりはヒトラーの方がましだと考えていた（アラン・テイラー[10]［２０１１（１９６１）］、p.２００）。

ＦＤＲは、１９４０年11月の大統領３選をかけた選挙戦で、「対外戦争はしない」と公約して当選したが、ロードアイランド大学教授でアメリカ経済史のモーリー・クライン（１９３９年３月～）によれば、１９３９年９月、ヨーロッパで第２次世界大戦が始まったその月、ＦＤＲは、すでに米議会を説得して、武器輸出規制の緩和を認めさせていた。また、真珠湾攻撃の１年半以上も前の１９４０年５月には、軍用飛行機の大増産の号令をかけていた（Maury Klein［2013］）。実際、米国のＧＤＰ統計を遡ってみると、大恐慌後から１９３０年代を通じてずっと停滞していた米国経済は、１９３９年から急速に上昇に転じている（山下［２０１５］、p.97）。

ＦＤＲは、おそらく、すでに１９３９年に戦争を決断していたと思われるが、筆者としては、その要因として、以下の諸点を挙げておきたい。第１に、ニューディール政策がうまくいかず、米国経済が大恐慌から抜け出るためには、戦争による大増産が必要であった。第２に、中国への進出という点で、米国は、日本に大きく後れを取っていたが、その利権を奪い取りたいと考えた。第３に、英国などヨーロッパ諸国を助けたいという気持ちもあったことであろう。いずれにせよ、実際に、米国経済が、大恐慌から完全に抜け出ることができたのは、戦後、１９５０年代に入ってからのことであった

ＦＤＲにとって、参戦を妨げる最大の障害は、国民の反対であった。また、先にも述べたように、彼自身、１９４０年の大統領選挙戦で、「対外戦争はしない」と公約していた。完璧な戦争口実が必要であり、そこで、日本を執拗に追い込み、暴発するように仕向けた。１９４１年４月14日から、日本政府は、駐米大使の野村吉三郎を中心に戦争回避に全力を傾け、コーデル・ハル国務長官などと何十回も会談を重ねたが、同年11月26日、日本が決してのめない厳

しい条件を付けた「ハル・ノート」を最後通牒として突然提示した。当時の日本政府は、余りの理不尽さにさぞかし大変憤ったことであろう。

ところで、「ハル・ノート」の起草者は、当時、財務省の顧問であったハリー・デクスター・ホワイトであるが、今日では、彼がソ連のスパイであったことは、アメリカ側の「ヴェノーナ文書」とロシア側の「ワシリエフ・ノート」の両方によって、二重に証明されている。[11]

そして、商務省には長官のハリー・ホプキンズ（のちにＦＤＲの私設顧問）、国務省には、アルッジャー・ヒス、ホワイトハウスにはロークリン・カリーが大統領補佐官として政権に参加していたが、この3人とも、ソ連のスパイだったことが確認されている。ハリー・ホワイトを含めてこの4人は、商務省、国務省、財務省、ホワイトハウスのそれぞれナンバー1、もしくは2か3の極めて高いポストに就いていた人たちである。また、ＦＤＲ政権内部には、合計１００名以上のソ連のスパイがいたと言われている。ＦＤＲ自身も夫人のエレノアも、ともに親共産主義者だったと言われる。これでは、日本が戦争した相手は、「米ソの共産主義同盟」だったのかと思いたくなる。

１９２０年12月6日、レーニンは、演説で、「レーニンの基本準則」を明らかにしている。それは資本主義の強国同士を戦わせ、互いに消耗させた上で、しかる後に、ソ連が出て行って、共産主義革命を世界に広げようという考えである。「ハル・ノート」によって、日米が戦争をしてくれば、ソ連にとっては、願ってもないことであったであろう。どんなに控えめに言ったとしても、結果として、ＦＤＲは、「レーニンの基本準則」にしたがって、コミンテルンの思惑通りに動いてしまったということである。自由民主主義的資本主義を標榜する米国にとって、一番の敵は、本来、ソ連のはずであったが、ＦＤＲは戦うべき相手を完全に間違えた。法外に大きな決定的な大失敗であり、誠に以って、愚かしい政策選択であった。

ＦＤＲによる政策上の大失敗の今日的意味を考えてみよう。ヨーロッパと日本が協力した形で、第1次冷戦には勝利したが、今また、第2次冷戦のような様相を呈している。第2次世界大戦前、ヨーロッパとアジアで、それぞれ共産主義の防波堤として機能していたのはドイツと日本であった。しかし、アメリカは、第2次世界大戦で、その両国と戦ったために、ロシアという共産主義勢力を残し、中国をはじめとしてさらにいくつもの国々で、共産主義を増殖させることとなった。今日の第2次冷戦も、その遠い帰結と言えるであろう。

このように、客観的に見ると、ＦＤＲの大統領としてのパフォーマンスには、極めて大きな疑問があるが、多くのアメリカ人は、いまだに、FDRを強く支持しているようである。米国では、歴代大統領の人気投票が良く行われるが、トップ3の顔ぶれは、いつも不動である。FDR、リンカーン、ジョージ・ワシントンの3名である。3人の中での順位は変わるが、顔ぶれは常に不変である。そして、ちなみに2017年の第1位は、FDRであった。アメリカ国民は、依然として、FDRがしたことを良く分かっていないようである。

おわりに

以上のような第2次世界大戦の背景と要因分析を踏まえ、本稿の中心的なテーマである同大戦とは一体どのようなイズム同士の対決だったのかについて整理し、やや詳しく述べることにしたい。

第2次世界大戦に至ることになる1930年代の時代精神とは、第1次世界大戦後、元々、非常に困難な状況に陥っていた上に、さらに大恐慌によって資本主義の根本的危機という大きな要素が加わり、各国とも、尋常な手段では問題を克服できないと認識していた。このような状況から、各国とも、自由民主主義に基づく資本主義から全体主義的方向へと向かうこととなった。また、実際に戦争が始まると、各国とも総力戦（total war）を強いられるようになり、アウタルキー（Autarkie、自給自足経済）を旗印とするナショナリズムが高まっていった。これには、大恐慌後、米英が先導する形で、保護貿易主義化と経済のブロック化が進んでしまっていたことも、それを余儀なくさせた要因として作用したことを忘れてはならない。

著名なドイツ生まれの文化史家のヴォルフガング・シヴェルブッシュ（1941年～）は、著書『三つの新体制—ナチズム、ファシズム、ニューディール』の中で、米国のニューディールも、ドイツのナチズムやイタリアのファシズムと同じように、未曽有の困難に立ち向かうために考え出された「新体制」（new deal）であり、それらの3つの体制はかなり似た要素が多いと指摘している（シヴェルブッシュ［2015（2006）］）。また、アメリカのジャーナリストのジョン・T・フリン（1882～1964年）も、同様の主張をしている。すなわち、3つの体制の共通点として、大恐慌によって、自由な資本主義全体が危機に陥る中（換言すれば「市場の失敗」）、カリスマ的リーダーの下で、統制経済と社会福祉の要素を持った資本主義への転換を図るということである。米国のFDRのニューディールも、経済・社会政策において反自由主義的であった（シヴェルブッシュ［２０１５（２００６）］、p.22）。また、ＦＤＲは、大統領として4選を果たしたカリスマ的リーダーであったし、「明らかに大統領の権力を潜在的には独裁的なものにまで高めた」（シヴェルブッシュ［２０１５（２００６）］、p.27）。

なお、ドイツのナチズムは、基本的には、特異な人種差別感を持ったファシズムの一種だとみることができよう。ファシズムの多様性は大きく、近年、ファシズムやポピュリズムについて積極的に発言している英国カーディフ大学教授のケヴィン・パスモアなどは、「ファシズムの研究者とほとんど同じ数だけファシズムの定義がある」（パスモア［２０１６（２０１４）］、p.9）と述べているほどである。このように、ファシズムの定義は簡単ではないが、筆者は、一応、ファシズムに共通の特徴としては、社会主義と自由な資本主義の双方に対する中産階級の反乱、社会計画と経済統制、福祉国家の要素、コーポラティズム（協調的組合主義）、カリスマ的個人による全体主義、政治運動を行うことによって大衆を動員すること（ファシズムは一種のポピュリズム）とみることができると考える。

なお、やや余談になるが、アメリカは、ウッドロー・ウィルソン大統領の下に、１９１７年に第1次世界大戦に参戦したが、その前後、米国では、あらゆる戦争反対勢力の統制と抑圧が行われた（シヴェルブッシュ［２０１５（２００６）］、ｐｐ.42-43）。アメリカ歴史学会の会長を務め、20世紀前半のアメリカを代表する歴史家の一人と言われるコロンビア大学教授のチャールズ・ビアード（１８７４～１９４８年）[12]は、「おそらくツアーリズムのロシアを除いて他の参戦国のどこでも見られないほどの徹底的、全体主義的に行われた」と述べている。米国コロンビア大学教授で著名な社会学者のロバート・ニスベット（１９１３～１９９６年）[13]は、「全体主義の（世界）初演は、レーニンによるもの（ソ連）ではなく、ウィルソン大統領下における１９１７年の米国だった」とまで述べている（シヴェルブッシュ［２０１５（２００６）］、ｐｐ.42-43）。

それでは、日本は、どうであろうか。ファシズムと言えるのであろうか？ファシズムに関する権威の一人であるウィスコンシン大学名誉教授のスタンリー・ペイン（１９３４年～）も、日本研究者でインディアナ大学教授のグレゴリー・カーザ（１９４０年代後半生まれ～）も、日本はファシズムではないと言っている（Stanley Payne [1995], pp.328-329）。その理由をまとめると、日本には、第1に、イタリアのムッソリーニやドイツのヒトラーのように総統[14]に当たる人物はいなかったし、それに近いカリスマ的指導者もいなかった。東条英機は、軍事的独裁者とは程遠い存在であった。第2に、憲法（大日本帝国憲法）がそのまま保たれた。第3に、日本では大衆政治運動が行なわれず、一部のエリートが主導した（エリート主義）。第4に、日本では、天皇を君主とする立憲君主制の下で、伝統的な全体主義が継承された。

日本をファシズムと最初に呼んだのは、ソ連の人であり（1934年頃から）、そうした考えは、そもそもマルキストの歴史解釈に基づくものである。第2次世界大戦前の日本の体制は、むしろドイツ第2帝国（1871～1918年[15]）に近かった（Stanley Payne［1995］, pp.335）。

中華民国はどうだったのであろうか？クリストファー・ソーンは、蒋介石政権は、独裁、奪われた報道の自由、秘密警察、強制収容所、銃殺隊など、ファシズムの特徴を十分備えていたと述べている（ソーン［2005（1985）］、pp.251-252）。また、蒋介石自身、1935年に、「ファシズムは中国を救うことができるか？答えはイエスである」と述べている（ソーン［2005（1985）］、p.95）。

以上をまとめると、「日本 対 連合国」のイズム対決の真の構図はどのようなものであったのだろうか？まず両者に共通するものは、全体主義、ナショナリズム、統制経済、総力戦、軍国主義、といったものではないだろうか。日本も、1932年2月から3月にかけての血盟団事件、同年の5／15事件、1936年の2／26事件といった一連の要人暗殺事件を経て、全体主義的傾向が非常に強まっていった。

連合国にはなくて、日本にあった要素としては、汎アジア主義（「アジア人によるアジア」もしくは「アジアの解放」）、反人種差別主義（antiracism）、反植民地主義（anti-colonialism）、反共産主義（anti-communism）、皇国史観、立憲君主制、などであろう。いずれも悪い要素ではなく、むしろ国際的にも誇るべきものではないだろうか。日本について、大きく反省するべきところとしては、超軍国主義（もしくは過度の軍国主義）ともいえる状況になったことであろう。先に述べたように、当時、すべての主要国が軍国主義であったが、日本の場合、軍人が国の政策決定プロセスに過大な影響を与える仕組みになってしまったことは大きな問題であった。

他方、日本になくて、連合国側にあった要素としては、人種差別主義、植民地主義、カリスマ的指導の存在、といったところではないだろうか。余り誇らしい要素はないように感じられるがどうであろうか？また仮に、百歩譲って、連合国を米英両国に絞ったとしても、せいぜい疑似民主主義（pseudo democracy）と言える程度ではないだろうか。FDRは、カリスマ的指導者であり、米国は政府による大衆プロパガンダを伴ったほとんど全体主義的国家であった。

他方、英国のチャーチルは、軍事的に非常にタカ派の帝国主義者であった。

このように見てくると、従来言われてきたような「民主主義の連合国 対 ファシズムの枢軸国」という構図は、少なくとも、わが国については、全く当てはまらない。むしろ、「人種差別主義と植民地主義の連合国 対 反人種差別主義と反植民地主義の日本」の対決だった言えるのではないだろうか?「イギリスは、戦時中から、戦後も主権者として植民地統治の継続を主張していた」(ソーン[2005(1985)]、p.252)。日米戦争前の1941年8月、米国のFDRと英国のチャーチルが出した「大西洋憲章」にも、植民地の解放について、人種差別の撤廃についても、全く触れていない。その点、植民地の解放と汎アジア主義を謳った日本主導による「大東亜宣言」(1943年11月)とは大きな違いである。「大東亜宣言」の方が、「大西洋憲章」よりも遥かに優れた理念を盛り込んでいる。さらに決定的なのは、戦後、イギリス、フランス、オランダは、アジアに戻り、実際に何年間か植民地経営を行った。しかし、第2次世界大戦で日本によって覚醒され、意識を高めていたアジア諸国は、ヨーロッパ諸国を追い出し、遂に独立を果たした。アジアをはじめとする各国の独立は、日本が、連合国と第2次世界大戦を戦ったおかげなのである。

第2次世界大戦を正しく評価するには、19世紀の欧米列強による植民地支配によって、世界が蹂躙されてきた時点にまで遡って歴史をレヴューする必要がある。そうした長い植民地支配を経て、第2次世界大戦後、多くの国々がようやく独立を果たしたのである。日本は、間違いなくこの偉業の最大の功労者である。また、新たに独立した当事国以外では、唯一の貢献者と言っても良いであろう。

吉本貞昭の著書に詳しく紹介されている通り、アジアだけでなく、中東、アフリカ、ヨーロッパ諸国の指導者・識者の間にも、各国の独立に果たした日本の役割を高く評価し、感謝する声はたくさんある(吉本[2012])。日本は、その意味で、世界に誇るべきことをしたのである。世界史全体を通じても、これほど意義深いことを成し遂げた国があったであろうか?その点、日本は、むしろ世界から称賛されて然るべきなのである。

ナチス・ドイツも、反共主義であったが、彼らは、むしろヨーロッパの人種地図を大幅に塗り替えることを目指した。彼らは、農業を非常に重視した。第1次世界大戦後、領土をかなり打ちなったこともあり、ドイツが、自給自足を達成するには、領土の拡大が必要だとして、拡張政策をとった。とりわけ、ユダヤ人とソ連の共産主義者を絶滅するとして、情け容赦のない攻撃を加えるなど、世界から普遍的に受け入れられるような理念を持っていなかった。この点は、わが国とは大きく異なる。当時のソ連は、「ハーグ陸戦条約」（1907年10月）も、「俘虜の待遇に関するジュネーヴ条約」（1929年7月）も批准していなかったことをいいことに、ドイツの対ソ攻撃は、徹底した絶滅戦争であった。少なくとも、日本が戦った第2次世界大戦についていえば、従来言われてきたような「正義の連合国 対 不正義の日本」という構図は全く成り立たない。むしろ、理念においても、戦闘の残虐性という意味においても、事実は全く逆であり、「正義の日本 対 不正義の連合国」の戦いだったと認識すべきである。第2次世界大戦の交戦国の中で、最も崇高な理念を掲げて戦ったのは日本であった。

本稿で、第2次世界大戦の背景と原因を分析してきたが、大きな要素を列挙するとすれば、①第1次世界大戦による疲弊とドイツに対する過大な戦後賠償、②ロシア革命、③大恐慌、④人種差別、⑤大恐慌後の保護貿易主義の高まりとブロック経済化、等々であるが、わが国が主因となったものは一つもない。しいて言えば、①はフランスを中心とする欧州諸国、②はロシア、③は米国、④は欧米諸国、⑤は米英が、それぞれ主因を作ったと考えられる。このように考えると、わが国は、確固たる自信を持って、マクロ的な歴史論戦に臨むべきである。

また、20世紀においては、ウォルター・ミードなども主張するように、3つの世界大戦争があった。第1次世界大戦、第2次世界大戦、そして冷戦（第1次冷戦）である。すなわち、日本は、アメリカや西ヨーロッパと共に、一番最近の世界大戦争（＝第1次冷戦）における勝者である。本格的な戦争（hot war）の場合、終戦後、講和会議が開催され、国際条約（講和条約）が結ばれて、勝者と敗者がはっきりするが、冷戦の場合には、勝者と敗者が法的に明確になるわけではない。しかしながら、わが国は、マクロ面での歴史論戦において、第1次冷戦の勝者の立場にあることを堂々と主張していくことも肝要であろう。また、冒頭で述べたように、現状では、歴史認識に関しては、わが国は、国際社会でほとんど唯一の被差別国家・民族であるが、これは、特定の国家・民族に対する不当な差別だとして、国際社会に訴えていくことも必要であろう。

【参考文献】

・飯倉 章［2013］、『黄禍論と日本人―欧米は何を嘲笑し、恐れたのか』、中公新書、2013年3月
・飯倉 章［2016］、『第一次世界大戦史―風刺画とともに見る指導者たち』、中公新書、2016年3月

・ウィロビー、チャールズ［１９７３］、『ウィロビー回顧録　知られざる日本占領』、番町書房、１９７３年8月
・加藤典洋［２０１５］、『戦後入門』、筑摩新書、２０１５年10月
・ガルブレイス、ジョン［２００８ａ（１９５５）］、『大暴落１９２９』、日経ＢＰ社、２００８年9月　ダイヤモンド社、２００８年12月
・ガルブレイス、ジョン［２００８ｂ（１９９０）］、『人々はなぜ〈熱狂〉を繰り返すのか〈新版〉』、ダイヤモンド社、２００８年12月
・キンドルバーガー、チャールズ［１９８２（１９７３）］、『大不況下の世界―１９２９-１９３９』、東京大学出版会、１９８２年1月
・キンドルバーガー、チャールズ［２００４（２０００）］、『熱狂、恐慌、崩壊―金融恐慌の歴史』、日本経済新聞社、２００４年6月
・クローデル、ポール［２０１１（１９９３）］、『大恐慌のアメリカ―ポール・クローデル外交書簡　１９２７-１９３２』、法政大学出版会、２０１１年1月
・ケインズ、ジョン・メイナード［１９７７（１９１９）］、『ケインズ全集第2巻：平和の経済的帰結』、東洋経済新報社、１９７７年1月
・シヴェルブッシュ、ヴォルフガング［２０１５（２００６）］、『三つの新体制―ファシズム、ナチズム、ニューディール』、名古屋大学出版会、２０１５年4月
英語版：Schivelbusch, Wolfgang [2006], *The Three New Deals: Reflections of Roosevelt's America, Mussolini's Italy, and Hitler's Germany, 1933–1939*, Picador, 2006
・ソーン、クリストファー［１９９１（１９８２）］、『太平洋戦争における人種問題』、草思社、１９９１年12月
・ソーン、クリストファー［２００５（１９８５）］、『太平洋戦争とは何だったのか―１９４１～１９４５年の国家、社会、そして極東戦争〈普及版〉』、草思社、２００５年7月
・侘美光彦［１９９４］、『世界大恐慌―１９２９年恐慌の過程と原因』、御茶ノ水書房、１９９４年12月
・玉木俊明［２０１５］、『ヨーロッパ覇権史』、ちくま新書、２０１５年10月
・デイヴィス、ノーマン［２０００ａ（１９９６ａ）］、『ヨーロッパⅢ　近世』、共同通信社、２０００年9月
・デイヴィス、ノーマン［２０００ｂ（１９９６ｂ）］、『ヨーロッパⅣ　現代』、共同通信社、２０００年12月
・テイラー、Ａ・Ｊ・Ｐ［２０１１（１９６１）］、『第二次世界大戦の起源』、講談社学術文庫、２０１１年1月
原著：A.J.P. Taylor, *The Origin of the Second World War*, Penguin Books, 1964
・パスモア、ケヴィン［２０１６（２０１４）］、『ファシズムとは何か』、岩波書店、２０１６年4月
・林　敏彦［１９８８］、『大恐慌のアメリカ』、岩波新書、１９８８年9月
・速水　融［２００６］、『日本を襲ったスペイン・インフルエンザ―人類とウィルスの第1次世界戦争』、藤原書店、２００６年2月

・廣部 泉［2017］、『人種戦争という寓話―黄禍論とアジア主義』、名古屋大学出版会、2017年1月
・フルブロック、メアリー［2005（1990）］、『ドイツの歴史』、創土社、2005年8月
・ベッセル、リチャード［2015（2004）］、『ナチスの戦争―1918-1949 民族と人種の戦い』、中公新書、2015年9月
・ホーン、ジェラルド［2015（2006）］、『人種戦争―レイス・ウォー：太平洋戦争 もう一つの真実』、祥伝社、2015年
・松浦正孝［2010］、『〈大東亜戦争〉はなぜ起きたのか―汎アジア主義の政治経済史』、名古屋大学出版会、2010年2月
・水島治郎［2016］、『ポピュリズムとは何か―民主主義の敵か、改革の希望か』、中公新書、2016年12月
・蓑原俊洋［2016］、『アメリカの排日運動と日米関係―〈排日移民法〉はなぜ成立したか』、朝日新聞出版、2016年2月
・山下英次［2010］、『国際通貨システムの体制転換―変動相場制批判再論』、東洋経済新報社、2010年9月
・山下英次［2015］、「日米歴史戦争に備える」、『歴史通』、2015年9月
・山下英次［2017］、「トランプ大統領で世界はどうなるのか？」、『国際金融』1294号、外国為替貿易研究会、2017年3月
・山上正太郎［2010］、『第一次世界大戦―忘れられた戦争』、講談社学術文庫、2010年1月
・吉本貞昭［2012］、『世界が語る大東亜戦争と東京裁判―アジア・西欧諸国の指導者・識者たちの名言集』、ハート出版、2012年7月
・渡部昇一（編著）［2010］、『東条英機 歴史の証言―東京裁判宣誓供述書を読みとく』、祥伝社黄金文庫、2010年7月
・Beard, Charles [2003 (1948)], *President Roosevelt and the Coming of the War, 1941*, Transaction Publishers, 2003
・Eichengreen, Barry & Nathan Sussman [2000], 'The International Monetary System in the (Very) Long Run,' IMF Working Paper, WP/00/03, The International Monetary Fund, Mar. 2000
・Flandreau, Marc & Carl-Ludwig Holtfrerich and Harold James (eds.) [2003], *International Financial History of the Twenties Century: System Anarchy*, Cambridge University Press, 2003
・Haynes, John Earl and Harvey Klehr [2000], *Venona: Decoding Soviet Espionage in America*, Yale University Press, 2000
・Haynes, John Earl, Harvey Klehr & Alexander Vassiliev [2009], *Spies: The Rise and Fall of the KGB in America*, Yale University Press, 2009
・Klein, Maury [2013], *A Call to Arms: Mobilizing America for World War II*, Bloomsbury Press, 2013
・Mead, Walter Russell [2001], *Special Providence: American Foreign Policy and How It Changed the World*, Alfred A. Knopf, 2001
・Nash, George (ed.) [2011], *Freedom Betrayed: Herbert Hoover's Secret History of the Second World War*, Hoover Insti-

tution Press, Nov. 2011

・Payne, Stanley [1995], *A History of Fascism, 1914–1945*, University of Wisconsin Press, 1995

・Reinhart, Carmen M. & Kenneth S. Rogoff [2009], *This Time Is Different: Eight Centuries of Financial Folly*, Princeton University Press, 2009
邦訳；カルメン・ラインハート、ケネス・ロゴフ［２０１１］、『国家は破綻する―金融危機の８００年』、日経ＢＰ社、２０１１年３月

［注］

1 従来、一般には、「スペイン風邪」と呼ばれてきたが、風邪ではなく、人類が遭遇した最初のインフルエンザの大流行(pandemic)である。スペインの名がついているのは、同国が発生源であったわけではなく、第1次世界大戦中、中立国であったために、検閲のなかったスペインの通信社から世界に情報が発信されたためである。

2 高名な物理学者で、英国王立造幣局長官を務めた経験もあるアイザック・ニュートンが提案したもの。

3 原典は、寺崎英成、マリコ・テラサキ・ミラー（編著）『昭和天皇独白録―寺崎英成・御用掛日記』、文芸春秋、１９９２年３月（松浦［２０１０］、p.８５７、註５）。

4 ただし、米国に提出するために作られた独白録の英語版からは、この部分は削除された（松浦［２０１０］、p.８５７、註５）。

5 ７カ国は、日本、中華民国、タイ、満州国、フィリピン、ビルマ、インドである。

6 英国のヴィクトーリア女王とフリードリッヒ王子（プロイセン王の甥）との間に、ベルリンで生まれた長男。

7 北米で、アフリカ人奴隷の記録が最初に出てくるのは１６１９年であり、他方、奴隷制が合衆国憲法修正第13条によって禁止されたのは、１８６５年のことである（山下［２０１５］、ｐｐ.92–93）。

8 ４つのパターンについて、山下［２０１７］を参照。

9 １９４５年３月10日の東京大空襲（下町空襲）だけでも、１００万人、もしくはそれ以上が死亡したとみられており、ミードの挙げた90万人という数字は、明らかに大幅な過小である。

10 アラン・テイラー（１９０６～１９９０年）は、オックスフォード大学教授で、英国を代表する歴史家の一人であった。

11 「ヴェノーナ文書」は、Haynes, John Earl and Harvey Klehr [2000]、他方、「ワシリエフ・ノート」は、Haynes, John Earl, Harvey Klehr & Alexander Vassiliev [2009]。

12 参考文献にげたBeard, Charles [2003 (1948)] の著者で、同書（１９４８年発行）の中で、ＦＤＲが戦争を開始した張本人であると、指摘している。

13 保守派の社会学者として非常に高い評価を受けており、*The Public Interest*誌が公表した「現代アメリカにおけるもっとも高名な70の知識人」の一人に挙げられている。

14 総統は、イタリア語ではDuce（ドウーチェ）、ドイツ語ではFührer（フューラー）。

15 英語ではSecond Reich、ドイツ語ではDeutsches Kaiserreich。

16 加えて、米国のウィルソン政権は、モルガン商会などのウォール・ストリートの影響力が極めて強く、ドイツへの多額の賠償を要求した。というのは、彼らは、第1次世界大戦中、英仏両国に対して多額の戦費ファイナンスを供与しており、その返済を確実にするために、ドイツに対する多額の賠償要求に賛成した。より具体的には、ウィルソンは、多額の対独賠償要求を避けようとしたが、会議に出席していたモルガン商会の大番頭トーマス・ラモント（Thomas Lamont, １８７０-１９４８年）が反対し、1、３２０億ドル、ドイツの国家予算の20年分という途方もない賠償金がドイツに請求されることになった。

日本の食文化とダンテ『神曲』

渡辺　望
（評論家、日本国史学会会員）

『神曲』と悪食・大食の歴史

十代の終わり頃、ダンテの『神曲』をはじめて読んだ私にやってきた違和感は、今でも忘れることのできない強烈なものだった。とりわけ得心がいかなかったのは「地獄篇」において、「貪食＝大食」の罪を犯した人間たちが地獄犬ケルベロスに引き裂かれる場面である。「貪食＝大食」が姦淫や殺人に等しい、地獄に転落するほどの行為であるという精神的実感は、当時の私の内面にまったくといいほど存在しなかった[1]。

私自身は（けっこうな大柄な体躯なのだが）そうでもないのだが、私の家族も知人にも、相当な大食漢が多い。もちろんテーブルマナーに反するようなガツガツした食べ方や、生活習慣病を指摘されているにもかかわらずの大食は戒められるべきであるが、大食そのものが道徳的犯罪であるとはどうしても納得できなかった。「たくさん食べる」ことをどうしてダンテあるいは彼が活躍した13～14世紀のヨーロッパ人は悪徳とみなしたのだろうか。それは私にとって、大いなる謎となった。

「ヨーロッパにおける悪食の研究」という、実に風変わりな文化史研究にその謎の解明の手がかりらしきものが認められたのは、それからずいぶん時間が経過してからである[2]。たとえば牡蠣である。牡蠣は世界各地で有史以前からよく食され、日本でも『古事記』に軽大娘皇女（カルノオオイラツメ、允恭天皇の娘）が歌に詠みこんだように、古来から日本人にも親しみ深い食べ物である[3]。牡蠣が食卓に並ぶようになると、寒い季節の到来を感じ顔がほころぶのは、何も美食家だけではあるまい。牡蠣は寒くになると、グリシンなど溜め込んだ蛋白質の効果により甘み・旨みが増すようになり、人々の味覚をよろこばせる。揚げ物にしても美味しいが、私は古来よりの食べ方＝塩水で洗って、醤油や酢につけて生食するのが大好きである。

ところがこの牡蠣は、ヨーロッパでは「悪食の主客」の一人になってしまうのだ。たとえば美食家で有名だったローマ皇帝アウルス・ウィテッリウス（15～69）が一日に数百個もの牡蠣を、嘔吐しながら食べ続けたという何ともグロテスクな話を読んで、私はしばらく牡蠣が食べられなくなった。あるいはフランス・ルイ15世の王妃マリー・レクザンスカはガツガツと牡蠣を食べるうちに激しい消化不良を起こして死にかかったが、運よく回復するとまた貪り食い始めた「命がけの牡蠣食い人」だったという。なぜ死を賭してまで美味しいものをたべつづけたのか、私は首をかしげた。(4) 命あってこその「美味しいもの」なのではないのか？

その他、カトリーヌ・ド・メディシス、ナポレオン、ルイ・フィップ、ルソー、バルザック、ゴーチエなどが悪名高い美食家・・・悪食家であるが、ほとんど例外なく牡蠣はこの悪食の対象にされてしまっている。前述の牡蠣の大食いのアウルス・ウィテッリウスなどは毎食銀貨10万枚という莫大な食費の濫費が原因で、暗殺の憂き目に遭ってしまう。(5)「牡蠣の貪食」がついには政治的破滅を招いたのである。なるほど、ダンテの言うように、貪食＝大食はおそるべき悪を構成しかねないのだ。

「美味しい」とは一体何なのだろう。世界のいろいろな国の人々との食を巡る談議で「美味しい」を共感するとき、まるで世界の食が共通であるかのような幻想を私達は垣間見ることができる。しかしいったい、嘔吐しながらまでもその美味を味わおうとしたり、命までかけて体の中に放り込みつづけるというような美食家は、おそらく日本史上皆無でないだろうか。「美味しい」ということが、平和的で楽しい、共有的なことであるのは、どうも限定的なことではないのだろうか、という反問が出現していくる。

「悪食」を求めて我が国の古典の世界を探しても、清少納言が、田舎飯をかきこむ職人たちをみてその「貪食」に嫌悪感を示したり、都を一時制圧した木曽義仲が京貴族に飯の「大食」をさせて苦しむのを楽しんだり、というくだりあたりがせいぜいである。(6)「日本における悪食の研究」は到底できそうにもない。それどころか、戦国時代、日本にやってきたルイス・フロイスらカトリック宣教師は、日本人が全体的に非常な少食であることに驚いている。(7)（にもかかわらず、健啖で長命者が非常に多いことも報告している）宣教師たちは概して日本文化を好み高く評価したが、日本人の少食（と同性愛の風潮）に関してだけは我慢がならなかった[7]。

この点に関して、ヨーロッパと中国は共通の文化的性格をもっているといえる。中国では「悪食の歴史」は何十冊も記すことができる。歴代皇帝をはじめとする支配階級・庶民の食への追求は（日本からみて）甚だしいものがあり、その追求の度合いがヨーロッパの度を越している。この美食への傾向が極限化してついには人肉食を美食の一部に位置づけたのが中国の食文化であった[8]。あまりに絶望的なことは、斉の桓公はじめ数多くの悪食的美食家の中に、本来ならばダンテのようにそれを戒めるべき「倫理の人」孔子が入っており（孔子は相当の食通で、人肉の塩漬け肉を好んだ）道教とともに中国人の行為規範を形成する儒教は、「人間を美食として食すること」を肯定しているといわざるを得ないことである[9]。

食文化の反グローバリズム的性格

このように、「たくさん食べる」という、私達が当たり前のように考えている言葉の意味からしてまったく食文化間によって異なる。この問題に関して統計的なアプローチによって「大食」の意味の世界の共通性があるのではないか、という考え方がまずあるだろう。たしかに「大食」「少食」の相違、ある程度統計的データで示すことができる。近年（２０１５年）のアメリカ人の一日一人あたりの平均摂取カロリーは平均約３８００～４０００キロカロリー、ドイツ人・フランス人が平均約３５００キロカロリー前後なのに対し、日本は平均約２３００～２５００キロカロリーで、しかも20年前に比べると約２００キロカロリーも減じている。ルイス・フロイスが言ったように、欧米人は大食で、日本人は少食ということが、端的にいえそうである[10]。

だが、このような統計データだけで説明できないことも数多く存在する。たとえば、日本と同等の摂取カロリーの国々（大半がアジア・アフリカの新興国）が、世界一を誇る日本の平均寿命より格段に劣るという事実である。欧米は摂取カロリーを減少させることに必死であるが、摂取カロリーが大きい国のほうが長命である。しかし日本だけが全くの例外であるということをデータは示している。実は「大食」の方が長命傾向といえるのか？それとも日本のみが特殊な食環境の状況におかれているのか？

世界を多少まわられたことのある方、外国人の親友をお持ちの方なら誰しも理解可能なことだと思うが、人間の毎日の一番身近なこと・さりげない文化である食生活が、もっともグローバリズム・普遍主義が立ち入るのが困難な世界なのだ。それは当然のことで、人間にとって「食」とは、もっとも自分の生来の環境と密着した個別の文化的存在であり、それは「衣」(着るもの)や「住」(住居・建築)よりもはるかに個人の人生の美意識や価値観を拘束するのである。

「摂取カロリーの国際比較」のようなグローバルな基準では判明しえない要素が、大食ならばその大食の中身と歴史的過程、少食ならばその少食のそれらにぎっしりと詰まっている。日本人の「少食」に関していえば、論文後半で述べるようにそれが食内容の歴史的変化により、長命に資した時期もあるし、そうでない時期もあるが、少なくともその食内容が、二十世紀後半から、世界で最も優れた「少食」を形成したのである。このことからいえるのは、世界が単一の自然環境、生産状態、言語文化にならない限り、「共通の食文化」などというものは存在しない、ということである。日本と第三世界の某国が同一の摂取カロリーだからといって同一の健康状態におかれるわけではない。言い換えれば「地域の食」「国民食」なる料理は存在しうるが、「国際料理」「世界料理」なる食は存在し得ない(11)。

この存在し得ない「世界料理」に愚かしくも挑んだのが、文化大革命時代の中国共産主義であった(12)。マルクス主義では「食」の問題を、資本主義に搾取される飢餓状態の労働者の食欲でしか考えていなかった。そのために、食のイメージが「配給的」なものへと著しく貧困化した。結果、生み出されたのが、3食・365日まったく同じメニューという悪名高き人民食堂であった。確かに人間は飢餓状態レベルの空腹になればどのような食事でも美味にいったんは感じる。哲学者キケロは、「飢えは最高の調味、渇きは飲料の最高の調味」といい、朝鮮半島では「三日飢えて泥棒しない人間はいない」という諺があるが、それらはこうした飢餓状態を基準にした食欲の意味に他ならない(13)。

しかし最低限の空腹が満たされれば人間の脳神経はただちに食に対して「選択」という刺激を求めるようになる。この「選択」が食文化の多様性の原点を生じさせる。人間の脳神経はとりわけ食に関して、他人や昨日明日と「同じ」では絶対に充足できないようになっているのである(14)。人間は胃腸ではなく脳神経で「食べて」いるのだ。また人間は冬眠哺乳類のような食いだめの能力ももっていないため、「選択回数を(数日や数週間に一度に)減らす」という行為もおこなうことができない。「食」こそ、唯物論的物質から最も遠くに存在するものなのである。このような人間存在の科学的・歴史的常識をもっていなかった中国共産主義の人民食堂=世界料理の理想は、もちろん短期間で挫折するに至った。

こうした食の「違い」の性質に宗教が濃厚にかかわるた

めに、食文化論の性格はさらに複雑な反グローバル的なものになる。豚肉を食べないイスラム教原理主義者に、一見すると世界のどこでも気軽なイメージを有する「グローバル」な中華料理（中華料理は豚肉なしでは成立しえない）をいくらすすめても決して口にしないし、両者の食文化はおそらく半永久的に融合することはなく、イスラム原理主義者はついには武装力をもってしてでも自らとアラーの間に交わされた食の契約を死守するに違いない[15]。

イスラム教より遥かに複雑で厳しい食タブーを有するのがユダヤ教である。これを列挙すると、①四足獣のうち、蹄がわかれていて反芻をするもの（ラクダ、ウサギ、ブタなど）②水の中に住むもので、ヒレと鱗のあるもの（甲殻類や貝類など）③猛禽類に属する鳥④昆虫類などが禁忌の対象になっている。特に②は日本人にとって厳しい禁忌だろう。世界がもしユダヤ教単一に支配された場合、少なくとも日本の寿司屋と和風居酒屋は廃業せざるを得ないことになるだろうが、そうなれば（そんなことはないだろうが）日本人の相当数が日本食を守るために、イスラム原理主義者よろしく立ち上がるのではないだろうか[16]。

このように食文化間には絶望的ともいえる距離が国民文化や宗教禁忌によって幾重にもあるのだが、しかしそのことを裏返すならば、各個別に自立した文化論が成立しうる分野であるともいえるだろう。たとえば21世紀の今日、日本食は非常な人気を世界的に得ているし、それは日本人としてたいへん好ましいことだと私は思っている。しかし日本食が世界に認知されるにはかなりの歴史的時間を要したのであり、また色々な食文明がそれぞれの立場で日本食を違う形で受け入れているのであって、「単に喜ぶ」ということでは文化論の体をなさないであろう。まず必要なことは、日本人自身が、比較文化論的な形をもちつつ、自身の食文化の歴史的性格について多少なりとも語ることができるようになることだと思われる。一例をあげれば日本料理における「洋食」の存在で、最近は日本の洋食を楽しむ外国人も多いのだが、こうした洋食が輸入文化などではなく、独自の日本料理であることについての自覚と知識を外国人に対して示す知力は身につけなければならないだろう。

しかし、だからといって「ありうる食文化論」が容易に存在しうる、というわけではないことにも注意を要する。食というのはそもそもがたいへん広範な世界、時間的過程をカバーするものであり、たとえば、「米食」とか「明治以降の洋食という名の和食」などのそれぞれの要素について歴史的・文化論的に論じようとすればそれだけで各一冊ぶんの論が優に成立してしまう[17]。食文化論を日本文化論というグランドデザインの中に組み込むためには、各論専門的な性格の論より、総論的な性格の論の方がまずは好ましい。私としては本稿においてはまずは試論のレベルでの食文化論を、なるべく全体論的に考えることに紙幅を割きたいと思う。このような総論的論考を積み重ねることによって、各論の知識もわかりやすく整理され日本文化論に資するようなものになっていくに違いない。(18)

以上を前提にして、冒頭で取り上げた「大食・貪食は日本では罪と意識されないのか」という総論的テーマに戻り、それについて幾つかの歴史的・文化論的考察をしてみたいと思う。「悪食」はどうやら日本の歴史にはヨーロッパや中国と異なり不在であることはわかった。しかしそれはなぜ不在なのだろうか。ダンテの『神曲』に違和感を感じることにより生じたこのテーマへの考察が、非常に多くの日本の食文化の独自性を明らかにするものだと考えている。ルイス・フロイスたちが見抜いたように、日本人は食事というものを、身を破滅させるほど溺れることなく、「健康」という良識の範囲内に存在させつづけることができたのはなぜなのだろうか。この問題について考えるために、まず日本の食文化の源流である縄文時代の食について触れる必要がある。

日本の食は常に縄文時代に回帰する

ここで変な身の上話であるが、私は鰻料理が大好きである。世界の相当数の鰻料理を食してきて、どれも美味しいと思わなかったことはない。けれどもヨーロッパの鰻のパテ、バングラディッシュの鰻のカレー、中国の鰻の野菜炒め、日本の鰻の蒲焼きなど世界の鰻料理の代表格を比べてみると、群を抜いて日本の蒲焼が旨い。味わう私が日本人だから、というわけではなさそうだ。旨い・旨くないという「上下」の根源をつくる「差異」について考えてみるに、日本料理には、料理の天然素材を濃い調味料で「改変」したり複数の素材・調味料を単一の料理内で「競争」させたりするものが非常に少ないことに気づく。

中国の鰻野菜炒めに関していえば、「旨い」を感じさせる主人公が、鰻だか野菜だか調味料だかわからないように、「競争」させられている。しかし鰻蒲焼に関しては、鰻という天然素材をひきたてるために、タレや香辛料は「主・客」の客としてはたらいている。それは「競争」がなく、そして自然素材の原初的な味わいを信頼しているからこそ可能な調理なのである。(19)

こうした日本料理の自然食材への信頼は、縄文時代の食文化の驚くべき多様性にまず由来すると考えてよい。自然界のほとんどの物が大きな加工を特に経ずに食の対象になるため（つまり、何でもがそのままの形で美味しいため）人間の食卓にのぼるものが「改変」させられるという発想が縄文時代の日本にはなかったのである。[20]

縄文時代の日本列島は巨大なグルメの空間であった。枚挙に暇ないが、まずは魚食関係に関して、鹿児島県上野原遺跡の魚の燻製の製作場、富山県境A遺跡の鮫食の痕跡、石川県真脇遺跡の海豚食の痕跡、東京都中里貝塚の牡蠣の養殖場、愛知県大西貝塚の干し貝加工場などの縄文時代遺跡が存在し、魚だけで七十種類以上、貝類まで含めると三百種類以上の食の痕跡が確認されており、今日、日本人が食べている魚貝類のほとんどがこの時代にすでに食されていた。ちなみに縄文時代は肉食も盛んであり、猪や鹿などの狩猟的なものだけでなく、豚を飼育して食していたことが確認されている（豚飼育は弥生時代から減少衰退する）

また縄文時代の日本は世界的な野菜の宝庫であった。日本列島原産の野菜（穀類）としてセリ、ミツバ、ヤマイモ、アシタバ、ウド、ミョウガ、フキ、ゼンマイなどがあり、これに縄文時代に伝来したサトイモ、トチ、ドングリ、アワ、ヒエ、キビなどが加わる（ダイコン、ニンニク、ノビル、ニラなどは弥生時代に伝来）縄文時代は実に約１５００種類の植物を食していたとみられ、これは現代の約２５０種類より遥かに多い。[21]

ちなみに日本人は縄文時代より野菜を豊富に食べるため、野菜に共通して多量に含まれるカリウムも多量に摂取する。カリウムはナトリウム（塩分）を体外に排出する働きをもつミネラルであるが、そのカリウム摂取とのバランスをとるため、日本人は世界的にみて稀にみるほどナトリウムを多量に摂取する傾向、塩気を好む傾向を有する民族になっていく。[22]日本人の「塩好き」は縄文時代の「野菜好き」に由来するのである。

これ以外に香辛料としてサンショウ（縄文時代以前に伝来）ワサビ（日本列島原産）などが使われていたが、素材の匂いを消す必要のあまりない日本の縄文食では、香辛料はあまり必要でなかったようである。薬草についてはセンブリ（胃痛薬）マタタビ（疲労回復）トリカブト（腎臓薬だが使い方では獣を殺す猛毒薬にもなる）クコ（肝臓薬）などが常用、甘味についてはアマカズラ（甘葛）、ハチミツ、麦芽により得られていた（神武東征伝承には麦芽による水飴が登場する）

縄文日本人たちはこうした豊かすぎるほどの食材を、乱獲することもなく、必要なだけふんだんに確保していた。

「美味しいから無くなるほどに食べつくした」のではなく「美味しいから巧みに共存した」という対自然環境に対する縄文人の思考が読み取れるといっていいだろう。また縄文時代の食の多様性は現代医学の長寿論にもつながる。よく、「野菜をたくさん食べるべきである」ということがいわれるが、正しくは「いろんな種類の野菜を少しずつ、全体としてたくさん食べる」ことが免疫力の強化・長寿につながるということが医学的に正しい。日本人の少食＝長寿の理由の一つがここにある。これは魚や肉も同じで、つまり日本人は全体にはかなり少食だが、豊富な種類のものをその内容にしているからその少食が長寿に結びつきやすいのだ。単なる国際間の摂取カロリー比較では何にも証明できないことがこれによっても明らかなのである。(23)

この「豊かさ」と符合してとらえるべき重要な考古学的事実は、縄文時代に殺戮しあう武器の発見がまったくといっていいほどみられなかったことである。(24)月並みな階級史観・闘争史観の持ち主ならば、豊かな食資源があればそれを殺し合いで略奪しあった、というだろう。ところが縄文時代の日本は真逆で、「豊かであるから取り合いするまでもない」という価値意識の保有に向かったのである。そのような価値意識の中で、「貪食」や「大食」は当然の如く習慣に反することになったに違いない。それほどに豊かな食文化の中にあって、まして食材どうしが料理内部で「競争」したり「対立」したりという発想も生まれるはずがなかったのだ。

縄文時代において、稲作・米食はまだ主流ではない。米の日本列島への伝来については考古学的・遺伝子工学的研究による成果で伝来推定時期がどんどん早まっており、縄文時代中期にはすでに伝来していたと見てよいが、すぐには大量生産には至らなかった。このことからいえることは、縄文時代の食生活は、弥生時代以降、顕著になる炭水化物（米食）中心の食生活ではなく、魚・肉・野菜を中心にした蛋白質優位のそれだったということである。近年に至り、炭水化物の過剰摂取が生活習慣病の原因として指摘されているが、米食を欠いているにもかかわらず豊かに成立していた縄文時代の食文化は実は現代的性格も有しているということができるのだ。大変興味深いことに、日本人の平均身長は縄文時代後期から古墳時代にいったんピークを迎え、（約一六三センチ）そののち低下傾向になり、明治期初期に一五五センチで下限になり、そののち再び現代にまでいたる上向きの時期を迎えているのである。「日本列島の食」への絶対的信頼感、そして日本食のマナー（大食しない）そして栄養価的な優位＝蛋白質の優位というトライアングルの指摘のもとに、私たちは縄文時代の食文化をとらえる必要があるだろう。

「神々へのもてなし」を確立させた米食文化

こうした長きにわたる平和で豊かな縄文時代にやがて稲作による農業生産という巨大な弥生時代の変革が訪れることになる。

稲作が日本で定着したことについては色々な理由が考えられる。たとえばヨーロッパでも稲作はイタリアのポー川流域やスペインのバレンシア地方などに存在しており、米はヨーロッパ料理の一部分を形成している。しかしそれらを現地で食体験したことがあれば誰でもわかるように、イタリアやスペインの米は「米の実」のようにかたく、とてもアジアの米のように常食できたものではない。これは水源が豊富でなければならないという稲作の絶対条件をヨーロッパの稲作は欠いているからである。この点、日本は世界的にも稀にみる川の水にあふれた風土を有している。

水脈以外の気候・風土に関してであるが、米は確かに熱帯地域のアジアに原生したが、では熱帯気候の中で一番よく育つ性格をもつのかというと実はそうではない。米・イネの遺伝子には、「一日の寒い時間に糖質を蓄えて、暖かい時間に全体が成長する」という性質があるのだ[25]。日本列島全体が一日の寒暖の差が大きいので、この条件をたいへんよく満たしている。日本は戦後日本の農業技術はこの遺伝子に着眼してイネの品種改良に大成功をおさめ、かつて冷害に苦しんでいた東北や北陸を世界トップレベルの味覚の地域に変え、今では南方産の米の旨みを大きく凌駕するに至っているのは周知の通りである[26]。

古来、日本は数多くの外来物をたくみにそして徹底的に日本化し、さらには世界に向けて発進するに足る独自化を施してきたが、実は米・イネこそがその最たるものだったということができるだろう。こうして日本化をされた米・イネの食としての優秀さを挙げれば限がない。栄養価の圧倒的な優秀性（蛋白質、各種ミネラルなどほとんどすべての栄養素を含む。ただし、胚芽部分を切り取る精白以前の段階において）、生産性の高さ（21世紀現在、一粒の種から世界平均で２０００粒以上、弥生時代でも４００粒の生産が可能だったのに対し、小麦は21世紀でも一粒から世界平均で約１８０粒）保存性の優秀さ（古米や古古米の存在。この保存性が財産性を呼び、江戸時代後期まで米は財産評価の役割を果たす）などの面についてである[27]。

もちろん、稲作以前にも日本に農業は存在したし、収穫祭も存在し、それらは日本人の食生活と強く結びついていた。しかし、それらは稲作・米食の全面化によってまったく異なる規模のものに変貌を遂げることになった。いうまでもなく、神道、宮中儀式、天皇皇族の存在役割なども稲作・米食に重大な影響を与えそれは今日まで強力に持続している。日本人の天皇家への畏敬は「米」を通じてなされており、その宗教心を「米の宗教」という言葉で説明できるといっても過言ではない(28)。

このように「米の宗教」というべき神道には聖典と呼べるものは単純な形では存在しない。しかしその宗教性は、大嘗祭など様々な宮中儀礼にたいへん濃密に継続継承されており、その継承継続自体が、神話と現実を結ぶ聖典の役割をなしている。たとえば元日元旦の宮中儀礼である。天皇陛下は元日五時半に起床され、国家安康と五穀豊穣を祈願する四方拝をおこなったのち、宮中三殿で歳旦祭をおこなう。そののち「晴れの膳」の儀式があり、（天皇はこの「晴れの膳」では箸をたてるだけで自分では食さない）そののち、「菱はなびら」と呼ばれる菱餅と丸餅をあわせた餅料理を食す。「晴れの膳」も「菱はなびら」も、天皇は神と「会食」しているという意味を有して箸を動かされるのである。

この餅料理はかならず「おかわり」しないといけない。夕食には雑煮が出るが、これもお代わりする儀礼になっている。なぜ「おかわり」しないといけないかというとこれは「歯固め」といって、餅のような堅いものを、お代わりするほどに食べることで長寿と健康を祈願する意味があるのだ。

宮中の「歯固め」は大和時代には早くも確立されており、天皇家は三が日は餅を「歯固め」として食さなければいけないことになっている。お代わりが大食といえるかどうかわからないが、宮中儀礼では、健康長寿に規定された意味合いにおいて「たくさん食べる」ことを正月に限り儀式化しているのである。これ以外に、「餅」に関係のある天皇家の儀式として、三月三日「草餅の儀式」、十月亥の日「亥の子餅の儀式」、新婚三日目「三日夜の餅の儀式」誕生五十日、百日などに子供の頭の上に餅を載せておこなう「戴餅の儀式」などが存在する(29)。

いうまでもなく餅は米をつくことによってつくられる米の「代理人」である。人類学的には、穀類を「つく」行為は農耕の発生以来、世界各地に共通する「つく＝月」への畏敬的信仰にもつながる神聖な行為である（月に兎が住んで穀類をつくという伝承は日本だけでなく、インド・中国・北米大陸など広範にわたるものである）天皇家が宮中儀礼に餅を取り入れているのは稲作の豊饒を祈るためのことなのであり、一年の改まる正月に私たちが餅を食するのは、宮中儀式の食と同じものに、天皇陛下と同様に、稲作と国家の反映を神に願う私たちの宗教的な行為の一端なのである。そしてその行為は「神との食事」という形をもってなされるのだ。[30]

米食文化の儀礼と精進料理の融合へ

このように正月の宮中儀式に典型であるが、地方神社においても、神に一年の平穏と無事、農業生産の安定を祈り、神をもてなす料理（神饌料理）をささげ、祈りののち、さ さげたものを村人たちが「神様と一緒」に食べるという神人共食の儀式（直会）が全国に存続している。この直会は仏教の影響でかなりの変化は見せたものの、明確な形で残存する日本料理の伝統形式としては最古のものと考えられている。

この直会で欠かせないのが酒と餅であるが、非常に面白いことにゴボウを繁栄の象徴として重視し、食卓に載せる場合が多い。ゴボウは宮中の正月の料理にも古来より多用された。これは縄文時代に渡来したゴボウが薬用に用いることのできるほどに栄養価に富み、「不思議な力をもった野菜」と考えられたからであろう。[31]正確な文献的資料は存在しないが、古代日本の神饌料理は、餅が米飯だった以外は、焼魚や海藻類、果物、野菜といった弥生時代・大和時代の王権支配者の料理とほぼ同じであり、味噌・醤油・豆腐などを除けば、現代でも私たちが食しているものとさして変わりない（味噌については弥生時代に多用されていたという説も存在する）日本史の時間空間を飛び越えることのできる料理なのである。

加えて重要なことは、料理史家・食文化史家の多数が指摘するように、この「神へのおもてなし」の美学、マナーが、日本料理のもてなしの原型を構成したということである。[32]私たちが「食べる」ということの根幹に、「神をもてなす」という宗教的意味合いが「米の宗教」の確立の意味することだったのだ。「神をもてなす」のであるから、吐いてまで食べたり命がけで食べたりという「貪食＝大食」などということは、大罪以前に、存在しえない行為だ、ということになるのである。

この「米の宗教」における神人共食の厳格さと、大陸の禅仏教の精進料理の緻密なマナーを結びつけて今日の日本の庶民にまで定着している「いただく」文化を明瞭にしてみせたのが、平安時代末期から鎌倉時代にかけて大陸への留学経験を有した禅僧たちであった。特に道元が果たした理論的・実践的業績は圧倒的であり、「食文化のナショナリズム」なるものが存在するなら、彼抜きではまず考えられないといっていいほどである[33]。

大陸の禅宗の精進料理はあくまで出家僧の修行の道具的存在にとどまったが、日本の場合、精進料理は庶民文化への浸透だけでなく、懐石料理や茶道文化の派生を生みだす巨大な文化的パワーを持ちうることになる。その精神料理の力の根本には「米の宗教」としての「神へのおもてなし」があったことはいうまでもないだろう。ちなみに醤油はこの時代時期の日本精進料理が独自に開発した純日本由来の発酵食品であり、饂飩・饅頭・きし麺は大陸の精進料理を日本化して発展させた食品である[34]。

「聖者の食卓」の日欧における巨大な差異

ところで、日本人の伝統的宗教精神が「米の宗教」＝神道であるなら、キリスト教は「葡萄酒の宗教」であろう（ユダヤ教は「塩の宗教」である）聖典においても儀式においても、葡萄酒は信仰者にとって切っても切れない縁にある。何しろイエス曰く、葡萄酒は「神の子の血液」なのだ。「神の子の血液」なのであるから、むやみに飲んではいけない…という意味と思いきや、葡萄酒をめぐる歴史は事実がその正反対であることを伝えている。

私は『神曲』の貪食の大罪に違和感を感じたとき、ヨーロッパの悪食の歴史より以前にまずキリスト教そのものに大食に関しての禁忌が存在するのではないかと考えてみた。確かにカトリック教会は大食を大罪にしている。しかし肝心の聖書を何十回読み直しても、『神曲』の地獄篇の貪食の大罪に直結するような戒律は見つからなかった。かろうじて、『旧約聖書』蔵言23章20節に、「大酒のみや、肉を貪り食うものとは交わるな。大酒のみと貪り食う者は貧しくなり、惰眠を貪る者はぼろをまとうようになるからだ」とあるが、これは大食と惰眠＝怠惰が併記されていることからして、戒律ではなく、一般的な道徳的注意の規定であるといえよう。『神曲』においても、「惰眠」＝「怠惰」は地獄でなく煉獄（地獄と天国の中間）に位置づけられており、大罪を構成するものではない[35]。

『新約聖書』に至ると、性欲の禁忌が非常に強化拡大される反面、食に関しての禁忌はまったくといっていいほどに消滅してしまう。『旧約聖書』のレビ記に列挙され、既述したユダヤ教の食禁忌の根拠になっている部分は『新約聖書』のイエスの言葉「外側から人にはいって、人を汚すことのできる物は何もない」（マルコ福音書7章15節）により否定された。それどころか神の子イエスは、魚、パン、葡萄酒などを楽しむ、なかなかの美食家の気配を漂わせているのだ。たとえばマタイ書・ルカ書には次のような注目すべき箇所がある。「ヨハネがやってきて食べも飲みもしないと『あいつは悪霊憑きだ』と人々はいう。人の子（イエス）が飲み食いすると『みろ、大酒のみの大食い、徴税人や罪びとの友がやってきたぞ』という」[36]

イエスこそ、大食の大罪の常習犯だったかもしれないのである！　しかもかれは大酒飲だった。[37]『新約聖書』のこの箇所に正当性を感じたのであろう。ヨーロッパの悪食の歴史にはおおぜいの聖職者が登場するのである。キリスト教は大食・貪食を禁じていないどころか、「聖者の行為」を通じて肯定さえしている。「神へのおもてなし」の品位を欠いたキリスト教文化の（聖者の）食卓は常に荒れたものになる可能性は孕んでいるのだ。「葡萄酒の宗教」ということは葡萄酒をむさぼり飲んで、そして食い物も大いに食らってよい宗教、という意味なのだ。ゆえにカトリック教会は、聖書には存在しない大食の犯罪を神経質に肯定するに至ったのである。これに比べて「貪り食う聖人」は、日本神話にも歴代天皇にも皆無といっていいほどに存在しないのは言うまでもない。

キリスト教文化圏に属する人々からは貪食と日本人が無縁なのは宗教性と関係ない、「日本人が宗教的な食をおこなっているのは正月だけではないか」という批判があるかもしれない。しかしこのような批判は正しいものではない。日本人ほど「聖者の食卓」を意識して食生活を営んでいる民族は他にない。それを証しするために、近代日本へ話をいったん飛ばしてみることにしよう。

私はあまり甘党ではないのだが、例外的に大好きな甘いものがある。キムラヤのアンパンである。キムラヤは明治期に武士を廃業した木村安兵衛が創始したものであるが、パン食の習慣がなかった明治維新当時、この商売は大いに難儀するところから始まった。[38]この窮状を打破し、このアンパンが一気に全国的な売れ行きを示すことになったのは、明治天皇がキムラヤのアンパンを好んで食べるようになったことによるのである。これ以外に、アイスクリームなども、明治天皇が好んで食したことで、日本全国に好まれるようになった。[39]

明治天皇は好奇心の強い人物だったが、それは食に関しても当てはまることで、当時の日本人が怖がった洋食の色々を好んで食べるようになっていった。基本的には和食党で、三食中二食は和食であり、焼き魚をもっとも喜んで召し上がられたが、朝食は洋食で、パンや乳製品を口にされていたし、昼・夕の膳に牛肉が登場することも珍しくなかった。この食生活を大正、昭和の各天皇も受け継ぐ。昭和天皇は全体的に粗食家として有名だったが、それでも朝食はオートミール、牛乳、ハムエッグ、パンというオーソドックスな洋食であった[40]。

このように天皇家の食生活が部分的に西洋化したことが知られるようになり、675年の天武天皇の肉食禁止令（ただしこの法令は部分的に肉食を認めている）から明治維新期まで抱いていた日本人の獣肉食への警戒心はたちまち消え去り、肉類や鶏卵の消費は大きく伸張することになる。このように、日本人は不変部分（正月の料理、神饌料理）と、可変部分（外国料理の流入）の模範・規範の双方を、天皇・皇室の食生活という「聖者の食卓」に求めているのである。

この「聖者の食卓」の歴史で興味深いのは牛乳である。牛乳については七世紀にはじめて記録上登場し、「酪」＝ホットミルク、「蘇」＝チーズ、バター、「醍醐」＝ヨーグルト（「醍醐味」の語源）などが皇室・貴族にたいへんな流行をもたらした[41]。ところが庶民はこれを気持ち悪がって遠ざけ、皇室・貴族の食生活からも次第に姿を消す。しかし明治期、ふたたび皇室が牛乳を取り入れるようになると、今度は完全に食生活化され、昭和に入るころまでには国民的栄養食になって今日に至っている。乳製品の品質管理は古代においてむずかしいものがあったことも古代でのいったんの許否の大きな原因だろうが、庶民は単に猿真似として天皇・皇室の「聖者の食卓」を意識しているのではない証拠であるといえる。

よく「食の欧米化」ということがいわれ、和食の優位が唱えられるが、こうした風潮が一面的なものにならないよう注意する必要がある。縄文時代の食の箇所で少し述べたことであるが肉・鶏卵・牛乳などの動物性蛋白質は、かなりの高脂肪を伴わない限り、内臓を強壮にして糖尿病などの生活習慣病の防止に役立ち、免疫力を高める働きがある。日本の平均寿命が世界最高位になったのは戦後しばらくしてだが、これは動物性蛋白質の摂取増加で乳幼児死亡率と結核などの青年死亡率が大幅に低下したことが最大の要因である。もちろん、明治期以前の日本食も縄文以来の健康な要素を多面にもち、ルイス・フロイスの記録報告に再び戻れば、日本は長命者の多い国であったが、米食の余りの優位のため、脚気や糖尿病などへの罹患をまねいたりすることもあった（藤原道長や織田信長は糖尿病患者である）国民全体の健康を確定的なものにしたのは、天皇・皇室の食生活を旗印に部分的に取り入れた「食の欧米化」のお陰、すなわち私達日本人の「聖者の食卓」のお蔭に他ならなかったということになる。食という身近なものにおいてこそ、私達日本人は天皇・皇室とわかち難く結びついているのだ。

世界中の食文化は無数の境界線があり、その多くは宗教的伝統に拘束されているのであるが、日本もまたその例外でないこと、日本人のその宗教性の中に「大食・貪食」ことを悪・罪悪とむすびつけるような過剰性が綺麗に不在であることが多少なりとも証しできたのではないかと思う。このような食の過剰は、21世紀の未来において支配的価値をもつことは決してありえないだろう。当時のカトリック教会の思想の反映である、ダンテの『神曲』の戒めは正しかったのであり、彼が世界の食文化を知っていたならば、日本をこそ一つの理想郷として取り上げることをためらわなかったであろう。そして本稿では取り上げる紙幅をもてなかったが、中華文化圏に対してもダンテは間違いなく断罪の気持ちをもったであろう。

そしてキリスト教文化においては、下手をすれば「大食・貪食」の誘惑に結びつきかねない宗教的聖者の食卓の問題が、日本においては、食文化の良き可変・誘導に結びついているのである。しかもこれらのことが、縄文期の食の豊穣さ、料理の並びにいたるまでの平和的傾向などによって幾重にもガードされている「食」の違いは余りに大きいが、日本とキリスト教文化圏あるいは中国のどちらがこれからの地球に好ましいものであるかは、一目瞭然であろう。以上のことを指摘した本稿が日本の食文化を日本文明論のグランドデザインの一部に資することになればこの上なく幸いである。

(1) ダンテ『神曲』(上・下巻) 山川丙三郎訳、1952年、岩波書店。
(2) 夏坂健『美食・大食家事典』、1983年、講談社など。
(3) 「夏草の　あひねの浜の　牡蠣貝に　足踏ますな　明かしてとほれ」(男と女がともに寝るというあいねの浜の、牡蠣の貝殻に足を踏んで、お怪我をなさるな。夜が明けてからおいきなさい) これは軽大娘皇女が実兄の木梨軽皇子と近親愛関係になった際に詠ったとされている。木梨軽皇子はこのことが発覚したことで允恭天皇の長男であったにもかかわらず皇位継承資格を失い、軽大娘皇女と心中するに至る。なお『日本書紀』においては、兄妹の心中の箇所はなく、木梨軽皇子は弟の安康天皇に討たれたとされている。『古事記全訳(上・中・下巻)』、1977年、講談社。
(4) ロミ『悪食大全』高遠弘美訳、1995年、作品社など。
(5) スエトニウス『ローマ皇帝伝』(上巻) 国原吉之助訳、1986年、岩波書店など。
(6) 「平家物語」八巻「猫間」で、「猫間中納言」とあだ名されていた藤原光隆(権中納言、正二位)が木曽義仲に「大食」の意地悪をされる場面がある。『平家物語・全現代語訳(再版)』中山義秀、2004年、河出書房新社。
(7) 鯖田豊之『肉食の思想』1966年、中央公論新社、ルイス・フロイス『ヨーロッパ文化と日本文化』岡田章雄訳、１９９１年、岩波書店。ヴァリニャーノ『日本巡察記』松田毅一・佐久間正共訳、１９７３年、平凡社。

(8) 麻生川静男『本当に残酷な中国史大著「資治通鑑」を読み解く』２０１４年、角川マガジンズなど。

(9) 加地伸行『孔子』１９８４年、『孔子画伝（画集解説）』１９９１年、ともに集英社。小室直樹『資本主義中国の挑戦』１９８２年、『中国共産党帝国の崩壊』１９８９年、ともに光文社など。

(10) 柴田博『長寿と健康への挑戦』１９８９年、日本経済新聞社、『なにをどれだけ食べたらよいのか』２０１４年など。もちろん摂取カロリーについては様々な形のものが存在するが、共通して日本は２０１０年以降、世界80位以内には入っていない。日本の摂取カロリーが微減傾向にあることも共通のデータである。これは先進国で並外れて少なく、一日平均３０００カロリー周辺で30～50位周辺に位置している中華人民共和国よりもはるかに少ない。またアメリカなど先進国に関して、１９７０年代以降、肉食を減じて穀物食を増やすことが「健康的」であるという意識が強まり、逆に摂取カロリーの増大、生活習慣病の増加を招いたという、日本には存在しなかった健康意識の時間的プロセスが存在する。

(11) こうした「世界料理」に比較的馴染みやすい存在として、マクドナルドに代表される戦後アメリカの簡易ジャンクフードがあげられるかもしれないが、この戦後アメリカのジャンクフードが実はアメリカの軍隊食に起源を持つという興味深い指摘を、アナスタシア・マークス・デ・サルセド『戦争がつくった現代の食卓』田沢恭子訳、２０１７年、白揚社はおこなっている。

(12) 矢吹晋『文化大革命』１９８９年、講談社など。

(13) 草森紳一『文化大革命の大宣伝（上・下巻）』２００９年、芸術新聞社など。

(14) 櫻井武『食欲の科学』２０１２年、講談社、伏木亨『人間は脳で食べている』２００５年、筑摩書房など。

(15) 片倉もとこ『イスラームの日常世界』１９９１年、岩波書店、小杉泰『イスラームとは何か』１９９４年、講談社など。

(16) ユダヤ教の食禁忌をタシュルートといい、タシュルートは創世記、モーゼ五書、タルムードなどにより、長い年月をかけて複雑、広範に確立規定されて今日に至っている。タシュルートの研究について小田雄一「食の差異が、差異の表象を生むまで」『人文学報』第１００号、２０１１年、京都大学人文科学研究所など。

(17) たとえば、明治期以降にその多くが成立した「洋食」はカツレツ、コロッケ、スパゲッティ、ハンバーグそのほとんどすべてが、海外料理の原型をとどめないまでに徹底的に日本化した「日本食」である。これは中華料理についてもいえることで、ラーメンなどは完全な日本料理である。こうしたプロセス、文化的繁栄について、加藤秀俊『明治・大正・昭和　食生活世相史』１９７７年、柴田書店、小菅桂子『にっぽん洋食物語大全』１９９４年、講談社などが詳しい。

(18) 今西錦司他『文化と人類』１９７３年、朝日新聞社、石毛直道『食事文明論』１９８２年、中央公論新社など。

(19) 辻芳樹『和食の知られざる世界』２０１３年、新潮社、永山久夫『なぜ和食は世界一なのか』２０１２年、朝日新聞社など。

(20) 上田篤『縄文人に学ぶ』２０１３年、新潮社など。

(21) 西本豊弘「七章　縄文時代の食生活」藤本強編『考古学は愉しい』１９９４年、日本経済新聞社。渡辺誠・甲元眞之編『縄文人・弥生人は何を食べたか』２０００年、雄山閣。

(22) 石原結實『高血圧の9割は食べ物と運動だけで下がる』２０１８年、廣済堂。ナトリウム（塩分）を排出するカリウムは、ナトリウムと同時に水分も排出する働きをもつ最重要のミネラルである。また、20世紀以降の工場精製塩はナトリウム単体しか含まないが、海水からつくられるいわゆる天然塩は多量のカリウムを含むため、多量に摂取しても高血圧を引き起こすことがない。このことから石原博士は各著作で安易な減塩を戒める学説を展開している。なおカリウムは野菜類・天然塩以外に、豆類やコーヒー、茶飲料などに多く含まれ、近年ではサプリメントによる摂取も可能になっている。

(23) 前掲・柴田博『なにをどれだけ食べたらよいのか』などで、野菜・肉・魚などをなるべくたくさん食することが長寿食であるという医学的指摘がなされている。柴田博士は同時に、加齢を重ねれば重ねるほど、粗食ではなくて肉食など動物蛋白質豊富な「美食」の方が健康長寿に資するという学説を提唱している。

(24) 岡村道雄『縄文人からの伝言』２０１４年、集英社など。

(25) 原田信男『コメを選んだ日本の歴史』２００６、文藝春秋社、富山和子『日本の米－環境と文化はかく作られた』１９９３、中央公論新社など。なお周知のようにコメの種類、分類は多様であるが、最終的に日本文化に定着し生産され今日に至っているのはジャポニカ米の温帯種である。

(26) 酒井義昭『コシヒカリ物語』１９９７年、中央公論新社、全国米穀配給協会編『稲の品種改良』１９７６年、不二出版など。

(27)『コメの基本』丸山清明監修、２０１３年、誠文堂新社など。

(28) 秋場龍一『天皇家の食卓』１９９９年、角川書店など。また原田信男『歴史の中の米と肉』２００５年、平凡社のように、網野善彦的な左派民俗学から「食の宗教」と天皇家を結びつける見解も非常に有力に存在している。

(29)『天皇家のしきたり案内』「皇室の20世紀」編集部編、２０１１年、小学館など。

(30) 岡田荘司「神々の御馳走」『芸術新潮』５５５号（１９９６年刊行）など。

(31)『世界食材事典』村田浩一編、１９９９年、柴田書店によれば、ゴボウはすべての部分に抗癌効果をもつ薬効食材とされている。

(32) 関根真隆『奈良朝食生活の研究』１９６９年、吉川弘文館、前掲『天皇家の食卓』など。

(33) 頼住光子『道元の思想』２０１１年、ＮＨＫ出版、藤井

宗哲『道元「典座教訓」禅の食事と心』２００９年、角川学芸出版、『永平寺の精進料理』大本山永平寺監修、２００３年、学習研究社など。

(34) 鳥居本幸代『精進料理と日本人』２００６年、春秋社、陳東達・陳栄千代『中国の精進料理』１９８１年、健友館など。

(35) 再掲・ダンテ『神曲』煉獄編、『旧約聖書』23章20節。

(36)『新約聖書』ルカ伝7章34節、マタイ伝11章19節。

(37) これ以外に、新約聖書で、イエスにむかって投げかけられた噂めいた罵声は実はせいぜい「気違い」(『新約聖書』マルコ書3章21節)くらいなので、「大酒・大食」という罵声はかなり例外的なものである。

(38) 舟田詠子『パンの文化史』２０１３年、講談社など。

(39) ローラ・ワイス『アイスクリームの歴史物語』竹田円訳、２０１２年など。

(40) 渡辺誠『昭和天皇のお食事』文藝春秋社、２００９年、谷部金次郎『昭和天皇料理番の和のレシピ』、２０１５年、幻冬舎、窪田好直『天皇陛下が愛した洋のレシピ』、２０１５年、河出書房新社など。

(41) 武田尚子『ミルクと日本人』２０１７年、中央公論新社、ハンナ・ヴェルデン『ミルクの歴史』堤理華訳、２０１７年、原書房など。

火焔土器は水紋土器である

――縄文土器とは何か

田中英道
（東北大学名誉教授）

はじめに　太陽の昇る国を目指して

人類の故郷と考えられるアフリカから出発した人々は、太陽を目ざして船で漕ぎ出した、と考えられる[1]。興味深い証拠のひとつに、メソポタミア文明以のカスピ海沿岸のコブスタンの岩窟の線刻画に、大きな船の絵があり、それが舳先に太陽が描かれていることだ（図1）。

カスピ海沿岸で漁業を営むための小さい船ではない。この大きな船の《舳先に太陽のイメージが記されていることは、このタイプの船は、日常的な漁業のために使われたのではない。古い神話で知られる、船が死者を、永遠に運ぶと考えられていたことと関連するかもしれない。それに加えるに、太陽が信仰されていた、ということである。ゴブスタンでは、そうした生活の源泉があり、太陽に向かう船が指針に取って代わり、人々が悪い気象条件のときに思い起こす、ある呪文のようなものとして、描かれたのであろう[2]》。

コブスタンの博物館の解説に書かれているような、死んで永遠の世界に向かう指針としての太陽の存在という解釈もあるが、むしろ、多くの人々がこのカスピ海を渡る際も、太陽の方向に向かって行くことを示唆している船の図といってよいのではないか。エジプト文明においても、しばしば描かれる船は、死者を彼岸に運ぶ象徴として解釈されるが、それよりも、人々が遠く、太陽の出る東の方向に、永遠の楽園がある、という希望の象徴としての船を描くという意味があるはずである。黄泉の国に行く船、というのは、当時としては観念的すぎるように見える。

コブスタンだけでなく、アルタミラ、ラスコーにせよ、石器時代のあらゆる岩窟遺跡の描かれるものは、動物であれ、人間であれ、すべて当時の現実に即した写実をもとに

（図1）コブスタンの岩窟の線刻画。上部の船の舳先に注目。

している。決して観念的な世界を思わせるものはない。下に刻まれている人々は狩りに行く人々で黄泉の国に行くとは思われないのである。

ちなみに、日本の土器、土偶もまた、その現実を越えてた幻想のモチーフ、つまりあの世の精霊が描かれている、とは思われない。その土器の解釈にせよ、土偶の解釈にせよ、それは決して不可解な理由ではないと考えられる。土偶についてこの世の異形人であると述べたが、さらに土器の装飾についても抽象性よりも、ものとは具体的なものへの祈りの意味と考えたい。

このコブスタン岩壁画の船が二十二以上のカヌーが描かれ、四十人以上の人々が漕ぎ手として乗っているように見える。そうしたカヌーの技術があったことは、人々の船の航海が、大陸を徒歩や馬で行くよりも、船が多くの人々を遠方に運ぶやことを可能にした、と少なくとも想像することができるだろう。

同じ太陽に向かって、日本にまでやって来た人々は、太平洋に至って、黒潮に乗り、南方の島々を越えて日本にまでやって来た、と考えさせるのである。日本列島の九州や山陰にたどりついた人々でさえ、そこに留まらず、関東・東北までやって来たことは、さらに太陽の昇る方向に向かったからであろう。縄文時代の人口の九〇パーセント以上は、この関東・東北が占めていたのである。

太陽信仰を中心にした日高見国が、いずれ日本という名前の国になり、日の丸を国旗にしたとき、それはまさに日本の遠い歴史が裏付けていることになる。遠い祖先たちからの願望を明確に表現したものであることは、疑いもないようである。

第1章　日高見国に縄文文化が開花した

『記紀』『風土記』『祝詞』などの記述における「日高見国」の記述と、縄文時代の日本の人口の九〇パーセント以上が、関東、東北に住んでいた、という事実から、そこに「日高見国」の存在があることを明らかにしようとしてきた。[3]

私はこの「日高見国」の記憶が、祖先たちを神々と考える日本人たちに、「高天原」の存在として、『記紀』に表され、神話が成立させた、と考察した。そこに「天の原」(『万葉集』)である富士山が見え、鹿島神宮の近くに、高天原の地名が三つも残されている、というのもひとつの証拠としてあげた[5]。

この遺跡分布の濃度が高いところが、おそらく中心地であったと考えられる。すると、現在の東京、千葉、茨城、埼玉南部にあり、とくに千葉の加曽利貝塚があったあたりが多かったことがわかる。つまり現在、日本の首都が東京にあることは、まさに縄文時代の日高見国の中心があったと推定される。江戸に首都を定めた徳川家康もまた、それを意識していたのではないか[6]。

むろん、土器がさかんであったのは、この地域であったことである。つまり日高見国といわれる地方が、とくに見事な縄文土器の文化を生み出していたのである。そのことについて述べてみよう。

縄文遺跡の分布を見てもわかるように、中部、関東地方から青森にかけての東北地方にかけて圧倒的に多いことがわかる。そしてこの地域が、これまで私が述べて来た日高見国の地域であると考えられる。そしてこの縄文遺跡が多いところに、まさに縄文土器、土偶が造られることになる[7]。

縄文土器研究で、最も重要なのは、関東、甲信越地方で

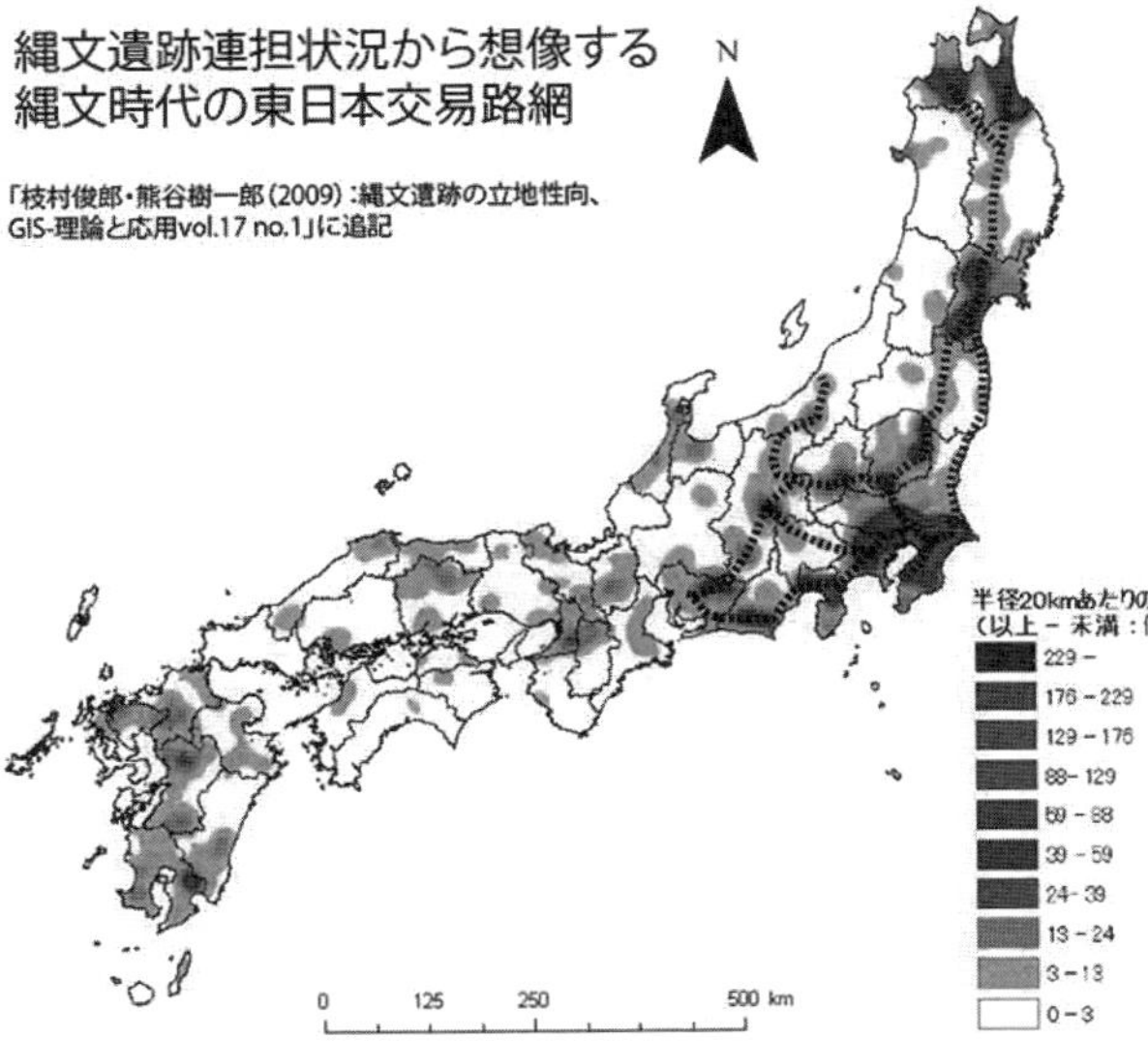

(図2)

あることは、現代の縄文研究者の常識となっている。それは土器研究も関東からはじまっていることでも理解できる。すでに戦前の考古学の成果が、「土器編年表」（一九三七年）で示されているが、早期から晩期まで、あらゆる時期の土器が造られているの、関東だけであることは、それだけ文化が集中していたことだが、それを歴史的に強く認識されなかった。それだけ一貫した文化を維持する共同体があった、と想定出来るのである。日本でも最も古い土器である撚糸文土器があるが、南関東に多く、東京湾を縁取るように分布している。つまり太平洋に面している海岸地帯に、この最初の縄文土器が存在しているのである。

　それは、大陸からやって来た人々ではなく、フィリピン・ミクロネシア・小笠原、そして伊豆諸島などをへて南からやって来た人々が、ここに住み着いたことになる。ただ伊豆諸島に南方文化の痕跡が余りなく、この縄文文化が日本列島、とくに東にやって来て、はじめて成り立ったということが推察されるのである。伊豆諸島の発掘調査が行われた際、関東およびその周辺が、日本列島においては、大陸から最も遠い文化であることが推察されている。日本考古学史上、先行して行われた関東地方の縄文土器は、大陸文化の影響が最も伝わりにくかった、ということになる(8)。多分、直接、関東地方、つまり日高見国、つまり太陽が上るのを見る国にやってきた人々がいた、ということではないか。

第2章　日高見国・関東における縄文土器の変遷

　縄文土器の最初の撚糸文系土器は、関東地方で作られた土器であるが、口まわりが平らなものが多く、底が丸いか尖り、東北の貝殻文沈線文系土器などと同様、水を入れ、煮沸するのに適している。表面には撚糸文だけでなく、縄文も見られる。こうした糸、紐、縄を最初期に使っていることで、この糸、紐、縄自身に意味があり、それが内部のものを、聖化し、その永遠性を信じた考え方を、肯定する理由になるものと思われる。つまりこの立てに長い土器は、調理には向かないし、持ち運びも難しい。むろん地面を掘り、立てて使うにせよ、その内部の物質は水が最初に考えられるだろう。

　この縄文時代早期の撚糸文土器は、単純な深鉢一辺倒だったが、八千年前頃から条痕文系土器と言われている土器形式が始まると、胎土に植物繊維を混ぜ、段や突起物がついたり、屈曲したり、変化があらわれ、さらに底の形が、突底から平底へと変化する。文様も条痕文を下地にして、胴上半部にとくに施されることになる。その次に羽状縄文系土器群が移行する途中で、こうした傾向は、行きつ戻りつはするものの、変化していく。

しかし羽状縄文土器系になると、鳥の羽根に似た形が、つけられはじめ、ある意味で土器の造形化が始まるのである。造形化というのは、実用性を超え、美的な創造が意図されているようになるのである。この前期から関東の土器の美的特徴が明らかになり、この地方が、造形上の進化を押しすすめるようになる。深鉢の底が平底となり安定するとともに、文様も羽状縄文となって、土器全体につけられる。そして次に竹管文という文様に変化していく。

（図３）阿玉大式土器
上三原田東遺跡発掘

さらに中期には、阿玉台式と呼ばれる、きらきらと光を反射する雲母が胎土に混ぜられ、口縁部も変化に富んだわ土器が現れる。これが南関東の海浜部の土器で、一方、平野を取り囲む山岳部では、勝坂式土器と呼ばれる隆起性の富んだ土器群が制作される。厚手のつくりで、口縁部も装飾性が一層強くなり、ヴァラエティに富んだ表現になっていく。

すでに述べたように、縄文という紐で土器を包み、その内部の水を聖化するというモチベーションから始まって、その装飾化が次第に抽象化の度合いが進んだ。縄紐で包む、という聖なる行為は、装飾化の度合いをさらに進めた。のちに関東の周辺の甲信越地方の土器装飾で明確になる、水のモチーフはまだ進んでいるわけではないが、しかし、すでに関東では、勝坂式土器の様式によって、その造形的独創性がさらに進んでいった。

（図４）加曽利Ｅ式土器
千葉県　加曽利貝塚

加曽利Ｅ式と呼ばれる土器は、関東の河川が緩やかに流れる扇状地形の中から生まれている。このような土器の生成においても、関東の河川地域に、人々が生活し、そこの中から、渦が描かれ水流の模様化が見られるようになる。その土器をひとつの信仰の中心にしていた、と想定できる。まさにこの土器が出てくるところが、日本で一番、縄文遺跡が多く、むろん人口が多かったところである。

最初のものは、円筒形で口縁が胴に対

して拡大したものが多く、底辺面積が小さく中期の豪華な隆帯文様を窺わせないが、変化を遂げていく過程で、さまざまな試みが見られる。次第に隆帯文が消えていくものもでてくる。この「隆帯文の消失」の後、洗練された加曽利B式土器が生まれるのである。井口直司氏によると、縄文中期から系統的に変化してきた関東地方の土器群が加曽利B式によって体系づけられ、類似性のある土器群の広域分布圏を日本列島に成立させることにことで、晩期土器群の基礎をつくった土器といえる、という(9)。

いずれにせよ、関東において、縄文早期から縄文晩期まで一貫して土器が作られ、先進的な創造性をもって文化を創っていたことがわかる。縄文時代、つまり日高見国の時代に、中心的存在であったことが予想されるのである。

しかし土器において、より芸術的で、かつその創造のモチベーションがわかる文化は、甲信越地方から生まれた、といって良いであろう。火焔土器と呼ばれる新潟の信濃川周辺の土器以後の土器文化こそが、日本文化の高さを感じさせるのである。

第3章　縄文土偶、土器とは何であったか

この火焔土器の命名はまだ確定せず、《縄文中期の甲信越地方はもっとも不可思議で隆起性に富んだ装飾文様を発達させ、縄文土器の象徴ともいうべき独自の土器群を輩出するのです》と既出の『縄文土器ガイドブック』に書かれているのである。これまでの研究は、この「不可思議な」形態の分類と、その分布について、行われていたのみであったのだ。

より根本的な問題として、縄文土偶、土器の「不可思議さ」は果たして何を意味しているのであろうか、という根本的な問題が残されていたのである。その意味でいえば、縄文時代と言われる時代はまだまだ底に沈んでいるようだ。沈んでいるという意味は、この意味の問題、信仰形態がどんなものであったか、まだ不明なため、この土器、土偶の、生活の中での位置付けがされていないのである。

確かに、考古学者だけでなく、今や、さまざまな角度から、土器・土偶が論じられるようになった。縄文中期を中心として、美術史の分野としてこの土器、土偶が検討されねばならなくなった。最初は画家、岡本太郎氏がその先駆者であったと言えよう。彼はここに三次元の彫刻を超えた精神的なものが表現されている、と語った。「四次元との対話」が生まれた、と述べたのである。しかし肝心なのは、一体その「四次元」の世界とは、何かである。その素材と一体となっている形を火焔といとられているが、果たして

そうであろうか。すると「火焔」が、縄文人にとってどのような意味をもっているのだろうか。美術史は、実用性以上にそこに「美」が宿っていると感じるとき、そこに意味を探索するのである[10]。

むろん考古学界でも、その発見物をいかに解釈するか、取り組んでいる。山内清男氏、小林行雄氏、小林達雄氏などの先学者も「縄文土器を読む」作業を行ってきた。美学・美術史的な方法論を取り入れ、様式とか形式を弁別し、小林達雄氏は、さらに気風、流儀、雰囲気などという言葉で、形態の特徴を捉えようとしている[11]。

その「読む」試みの一つとして、国立歴史博物館の松木武彦氏が『美の考古学』で、その問題を書いている[12]。縄文土器、土偶研究のアプローチの仕方として、私と共通点があるので、少し論じておこう。

氏は英国の脳科学者、セミール・ゼキ氏を引用して次のように述べる。

《美（美術？）とは「恒常的なもの」を追求する脳の働きであるとみる。恒常的なものとは、哲学的にいうと、プラトンのいうイデア（理想型）のような存在であり、認知科学的に表現すると、物事のカテゴリー化の際、その普遍かつ不変の典型となる「よい形」に相当する。事物がそうした「よい形」に描かれるほど、優れた美術と呼ぶに値する名画として万人を惹きつけるというわけだ。

ただし「よい形」は必ずしも直接的に表現する必要はない。そのような名画の実例として、ゼキ氏が示すのは、一七世紀のオランダを代表する画家フェルメールの作品である。また同様の点で、彫塑の作家として、ゼキ氏は一五―一六世紀のイタリアで活躍したミケランジェロをあげる。フェルメールの絵が惹きつける所以は、その卓越した技術もさることながら、見る人のそのときどきの感情や思考も記憶に即して「どのようにもとれる」あいまいさにあるという》として、ミケランジェロの『ロンダニーニのピエタ』（図５）とフェルメールの『音楽の稽古』（図６）の図版を掲載している。そして《このように、絵画や彫刻では作品をあいまいに、あるいは未完成に留めおくことで、「よい

（図５）ミケランジェロ・ロンダニーニのピエタ、ミラノ、ッスフォルツア城

（図６）とフェルメール・音楽の稽古、ロンドン・セント・ジェームス宮殿

形」への誘引を刺激できるというのが、認知科学が解明した美のひとつのあり方なのである[13]》。

美の「あいまいさ」、ということが、もし真実であるとすれば、おそらく美術史学とか、イコノロジー（図像学）研究は、余り必要のない学問となろう。イコノロジーは十七、八世紀まで、絵画に言語的意味があることを前提にするのである。それを否定するようになるが、「近代美術」であるからだ。十七世紀以前の表現にさえ何を意味させるのか、明確にさせない、というのが、「美」の本質と考えるのは間違いだ。この近代美術の言説から、縄文土器、土偶までが、その「あいまいさ」のままに残していい、という結論に導いてはなるまい。

最初はあいまいさを、持たない。制作するにあたって明確な意味のモチベーションをもっている。しかし表現する過程で、変わっていくことがある、と見るのが正しいであろう。たとえばミケランジェロの『ロンダニーニのピエタ』においても、ピエタを表現するモチベーションが、母マリアと磔刑に処せられたキリストというテーマの中で、明確に、ミケランジェロのネオプラトニスムの意図、すなわちほとんど一体化したキリストとマリアの肉体の表現があるのである。キリスト教図像ではなく、愛する二人が一体化していることが見て取れる。ミケランジェロ自身の図像学がある。未完成だからといって、その思想があいまいであるわけではない。このことはサン・ピエトロ大聖堂の『ピエタ』を考えれば、十分に推測できる。「あいまいさ」とは、それを図像を専門的に研究していない見方から来るものであるに過ぎない。

フェルメールにしても、一見、「音楽の稽古」などと題名がつけられているが、他のフェルメール絵画の多くが、娼婦の主題をあつかっているように、これも娼婦をあつかっていることが理解できる。チェロが無造作に床に置かれ、女性はヴァージナルに立ってただ向かっているだけである。主人のいないことを示す不在の椅子、東洋趣味を示す白磁の瓶の存在など、この男の存在は、決して音楽の教師のようではない。この一見何も起こっていないような場面であっても、「あいまいさ」で描いているわけではないのだ。セキ氏がそれを見て取れなかっただけの話である。「よい形」という限りは、そこに意図が隠されているのである[14]。

こうした縄文土器の装飾の意味を追及している小林達雄氏の考えを検討してみよう。

まず、小林達雄氏の説を引用しよう。

小林氏は、縄文土器は、編籠や樹皮籠の方形平底形態を真似て作られた、と考えている[15]。

《籠をモデルにして土器が作られたと考えると、泉福寺洞窟の豆粒様の文様も理解できる。樹皮籠を作る場合、口縁部が縦に裂けるのを防ぐために獣皮のようなものを口縁にかぶせ、紐でかがったりする。

豆粒文とは、そのかがった紐が出たり入ったりする縫い目を粘土粒で表現したものではなかったか。そして壬遺跡の口縁の円孔文も、樹皮籠の縁取りに獣皮を被せてかがる前にあらかじめぶつぶつと開けた穴を文様として残した、と見ることができるかもしれない。また器面全体を覆いつくす爪形文が編目を彷彿とさせるのは、まさしく編籠の籠目の投影だったからである。まだ、草創期の土器様式のいくつかに認められる口唇部上の押圧文やジグザグの微隆起線は、編籠や皮袋などの縁がかりを思わせる（壬遺跡・新潟県中魚沼中里村[16]）》。

しかし土器が編籠をモデルにしたなら、その編籠の存在がその前にあったという想定があるが、その存在は知られていない。編籠は樹皮を組み合わせて作られたにせよ、それ自体、土器のように煮炊きも出来る機能をもった土器と異なるものである。

このような草創期の土器は、「装飾性文様」でその意味は持たないという。しかし中期となると異なる。

《小林氏は、縄文中期の東日本でピークを迎える文様や造形の複雑さは、それよりも前の早期や前期に多い表現、つまり土器の表面を塗りつぶすかのようなパターン図文とは異なった性格をもっと述べる。すなわちパターン図文は、土器の表面は、純粋な飾りで満たす「装飾性文様」というべきものであるのに対し、東日本で中期に発達した複雑な文様は「物語性文様」で、何らかの具体的な意味やストーリーがそこに託されている可能性を、小林氏は読み取る。言いかえれば、単なるデザインでなく、特定の観念を表現したものであり、見る人にそれを想起させる図像だということだ[17]》。それを小林氏は「物語性文様」と呼んでいる。

その「物語」とは何であろうか。氏はその「様式」「型式」そして「形式」と厳密に区別しながらも、その「物語」の内容については論じていない[18]。それは一方で土偶のついて次のように述べることになることと関連している。

《土偶の観念技術の具体的な内容を把握することは困難である。しかも努力を重ねさえすればその困難を克服して、いずれは正体を明かすことができるという期待も容易ではないのだ。それが縄文人の世界観にかかわるからであり、いまも我々にとっては縄文人の物質文化から世界観を理解することは到底なし難いことなのである。努力があればよいというものではなく、少なくとも現代では、その異次元に踏み入る有効な方法論はないのだ[19]》。

有効な方法論などない、と述べられると、美術史学の立場がなくなってしまう。それを打開できるのは美術史学でいえば、図像学（イコノロジー）というジャンルで、単純なイコノグラフィーと異なる、作者の意図的な意味的表現を読み取る方法をつかうことである。それは形態の独自性が、その時代と、地域性、思考方法の推察から成り立つものである。しばしば文字的な図解方法では読み解けない問題を、形象の比較で解決しようとするものだ。

ところで、先ほど引用した認知考古学の立場から、松木氏はさらに次のように述べる。

《もう一つは、日本における認知考古学のパイオニアである岡山大学の松本直子氏によるものである。土器の文様を心理学の視点から解析した松本氏によると、縄文時代の早期や前期のパターン図文は、見る人の視覚を通じて、その規則正しさや簡潔さから「静けさ」の効果を導くのに対し、中期の文様は、不規則な複雑さによる「緊張」の効果をかもし出すという。さらに、、その文様の複雑さは、単なるパターン図文を遠く離れて、込み入ったり、くり返しの規則を破ったり、対称性を崩したりするようになる。こういう性質を、松本氏は認知心理学の概念を用いて、脳のなかの「意味的処理を活発化させる」と表現する。ようするに、意味ありげに見えやすい文様ということだ。されに言いかえれば、単純な繰り返しやきれいな対称は、脳が単なるパターンと受け取ってスルーするか、パターンにおさまらない複雑な形、繰り返しの破れ、非対称などに対しては、脳がそれを敏感に検知して、「どうしてそうなっているのか」、何らかの意味を見つけ出そうとするわけである》。

つまり「意味的処理を活発化させる」という。しかし、その具体的「意味」とは何か、についても口を噤んでいる。《東日本の中期縄文土器にしばしばつけられる複雑な不規則な文様は、ある種の動物のように見えたり、何かのしぐさをしている人のように見えたり、あらぬ方向に生長してはびこった植物のように見えたりする。動物や爬虫類・両生類などの形を巧みに模した土製品を作ることのできた縄文時代の人々に、写実的な造形能力がなかったとは思えない。写実性をあえて抑えることで、「何にでも見える」効果をねらっているかのようだ。

　この効果は、フェルメールの名画にゼキが見出した特徴、すなわち、見る人の感情や思考や記憶に即して「どうとでもとれる」あいまいさが解釈可能性の広さにつながるということと、まったく同じである。あいまいだからこそ、誰もが[20]》。

　松木氏はその「あいまいさ」を縄文土器・土偶の「よい形」にも共通性を感じるらしい。だが、問題は、なぜそれが「あいまい」にならざるをえないのか。それは、筆を使ったり、針を使ったり、そこに写実的な描写が可能だ、とする近代の表現手段の固定観念があるため、糸、紐、縄といった素材でしか、描く手段が考えられなかった時代の形象的表現であることを忘れている。縄文人には必ず共通した、基本の形態表現の源があるはずだ。

第4章　縄文土偶の意味

　拙論「縄文土偶は異形人像である」（『高天原は関東にあった』勉誠出版所収）で、縄文土偶像は、当時の近親相姦から生まれる異形人像であることを、南米などの土偶像と関連させながら述べた。みな女性像であるが、ダウン症や疾患のある眼、痴呆症的な顔、小人や異常肥満など、異形の姿を典型的に示している。遮光器土偶の目は、眼病で爛れて両眼が潰れた状態の様子が、何度も模倣されることによって、形式化していき、眼鏡状に絵画化されたものになった、と推測されるのである。文化人類学上ではレヴィ・ストロースのいうように、近親相姦の問題は、自然と文化の大事な分岐点であり、その存在がひとつの重要さをもっている[21]。

　しかしそれが、神話でまで言及されているのは稀である。日本の神話にはそれが明確に示されている。

『記紀』に登場するイザナミ・イザナギの兄・妹婚により最初に生まれた子が、蛭子であったことと関連づけて、高天原時代において神々が、近親相姦を行っていたことを予想させ、そのことが高天原時代とは、現実の縄文・弥生時代と関連づけられ、それが縄文土偶の表現と対応することを論じた。そのことが、イザナギ、イザナミの関係の兄弟婚が、それ以前の七代の神によって行なわれていた、という記述は、長い間それが行なわれていたことを示唆している。

　この蛭子が決して打ち捨てられた存在ではなく、それ自体、神となって敬われるのと同じように、縄文土偶のように、神々として畏怖され、お守りのように保持された、と考えられる。これは民族芸術学会で報告され、大方の賛同をえたことも付記した。

しかしこうした形象学的、美術史的、文化人類学的な考察が、これまでなされていなかったことは残念なことである。こうした形象への考察がなされなければ、文献がない考古学時代の遺物を理解できないのである。その不可解な姿を、単に「精霊」の姿といっても、この時代は、そうした抽象化した観念が生まれるほど言語的観念の時代ではなかったはずである。やはり即物的な存在が発した形が、形式化、洗練化していく過程があってこそ、土偶、土器が生まれるのだと思われる(22)。

磯前順一氏は「土偶論の視座」で、縄文人の信仰内容の追求に関して次のように書いている。氏は土器の意味といわず、観念と述べている。

《このような観念の解釈問題をめぐる研究者の当惑は土偶研究だけのものではなく、直接には物質的な生産行為にかかわらず、観念との関係をもっぱらとする遺物や遺構について全体的に当てはまることである。たとえば、藤木強・小林達雄他編『縄文文化の研究九　縄文人の精神文化』では、おもな諸形式の遺物論や遺構論が網羅されているにもかかわらず、「縄文人の精神文化」に関する総論の執筆は事実上断念されている。ここで筆者の見解を述べれば、結局のところ厖大はデータ集積をとおして明らかになっとことは、そのデータ処理をおこなう研究者自身の枠組み次第で土偶の背後に潜む観念は多様な図柄を描きえるものだということであった。

《過去に、土俗学や民族学、宗教学などそれぞれの分野の知識を土台に、勝手な解釈を施してきた遺物の代表が「土偶であった」というような、いささか清算主義的な総括が、土偶研究の行き詰まるたびに繰り返されて来たのもまた、実はそのような考古資料と観念の関係の間に横たわる溝が避けられないものであるが故なのである。もはやそれを型式研究の推進のみによって充当すべきとは言いがたい状況にあることは、一九二〇年大の甲野や八幡に始まり、一九九〇年代の「土偶とその情報」研究会にいたる約八〇年におよぶ土偶研究の歴史が如実に物語っているところといえよう。むろん、考古学が先史社会の実態をふまえた学問である以上、型式研究は依然として欠かすことができないものである。しかし、従来の型式研究から宗教観念を探るべきなのか、その問いを立て方を吟味することであり、同時に型式研究とは一体何なのか、型式の内実をきちんと検討することなのである(23)》。

磯前氏は二〇〇九年にこう述べているが、二〇一七年にいたっても同じように言っているのは大谷幸一氏である。

大谷氏は意欲的に土偶や土器の形象に注目しているが、その幾何学的な形が、どんな意味を内在しているか、結局指摘し得ないでいる。氏の指摘する幾何学的な形態でもあてはまらないものが多い。型式研究をしてもそこに精神的意図が何であったか語れない、もどかしさと、ある意味での研究の座礁があると言って良いのである。私の形象学的考察は、それを打開する点でも、大いなる意義をもつ、と考えている。

第5章　土偶と土器の図像は同じであった

ふつう土偶と土器の図像は、完全に分けられ、あたかもその二つの造形の関係がないように思われてきた。

しかし例えば、岩手県盛岡市萪内遺跡から、縄文晩期の大型土偶頭部（二五センチ）が発掘されたが、身体部があれば、一メートル以上もある大型の像であることがわかった。この頭部は、耳や鼻などより写実的なものであるが、隆起した眉と細く眠った目など、明らかに異形人の顔をしている。、その周囲には土器と同じような縄文の模様が彫られ、縦位の無文帯と、綾杉状の沈線文が交互に刻まれている（図7）。

同じ土面であるが、秋田県麻生遺跡から出ているもの（図8）には、青森の亀ケ岡遺跡から出る遮光器土偶（図9）と同じような眼の表現がある。楕円形に横線が入る眼と、鼻と口はより形式化している。しかしその丸い顔の中に三叉文や雲形文などがあり、それはしばしば縄文土器で使われるものである。

顔に注目したが、土偶の身体表現も、裸体ではなく、着物がすべていろいろな縄文模様で彫られている。波状や円状の形はないものの、その模様は、ほとんど土器同様な文様である。

北海道保内野遺跡の中空土偶（図10）は、両腕が欠損し、顔は例によってダウン症の眼をしている。胴部は、腹部以外は刻目をもつ隆線による円形・三角形・菱形文、区画内への羽状縄文により刻まれている。腹部には、細い隆線による正中線に加えて下腹部に円形状突文が無数に施されている。脚部は六、七の紐状の隆線が縛っているように彫られている。これは着物文様というよりは、この異形の人物を、土器と同じように、縄文装飾模様で飾っているようなのだ。

有名な亀ケ岡跡の遮光器土偶（図9）と呼ばれる身体部の模様もそうである。これまでこの土偶は渦模様の着物を着ていたと考えられて来たように見える。しかしこれは、土器同様、身体を飾る装飾模様となっている。その頭頂の

（図７）岩手県盛岡市萪内遺跡・縄文晩期の大型土偶頭部（二五センチ）

（図８）重文 土面
縄文時代晩期（前1000～前400）
秋田県麻生遺跡出土
東京大学総合研究博物館蔵

（図９）青森の亀ケ岡遺跡・遮光器土偶

（図10）北海道保内野遺跡の中空土偶

冠状の装飾は、この異形人像の帽子ではなく、この土偶化された形象を飾る装飾物といってよい。つまり土器の装飾と同じ性格のものと考えることが出来る。

　服装の方も同様と思われる。胴部では上下に三角状の区画や蕨手状文が作られ、その間に雲形文などの磨消縄文で装飾されている。これは服装のそれではなく、縄文土器と同じ、この異形人形を包む縄文の模様であり、それは聖なるものを包む、日本人の神社で見られるのと同じ、注連縄《しめなわ》と同じ意味となると考えてよいことになる。これについては後で、再説する。

（図11）亀ケ岡系土器である同じ赤彩の炉型土器

　これを同時代に作られた土器の模様と比較すると、例えば亀ケ岡系土器である同じ赤彩の炉型土器（図11）の模様は、土偶と同じような、モチーフを示している。とくに頭頂の冠状の突起は同型であり、土器と土偶に蔦状装飾があることがわかる。この炉型土器の前面に二重になった小さな穴がつけれらた紐状飾りがあり、その紐状がやや帯状になり、そこにやはり小さな穴がつけられているのが、遮光器土偶の全体につけられている帯状文となっている。

　こうした小さな穴がつけられた縄状の文の土偶は先ほどの、北海道の保内野遺跡の土偶もそうであるし、岩手県の萪内遺跡国宝にもなった合掌土偶も同型の帯状模様がある。頭頂部に半円状突起があり、羽状縄文が充?され、赤彩も残されている。

第6章　縄文装飾の意味

　一体なぜ日本の縄文土器は、このように縄文で土器も土偶も飾るのであろうか。

　日本では、今日でも、神社のご神木は縄で結ばれている。また神社では注連縄が飾られている。神域と現生を隔てる結界の役割をもっているのである。御神体を縄で結ぶということは、人間の力が及ばない「神（八百万の神）を縄で包むという習慣が昔からあったことが伺われる。神話と結びつけても、『日本書紀』には、「取結縄葛者」（弘計天皇の条）[24]とあり、葛の縄で取り結ぶ、ことの重要さを述べている。

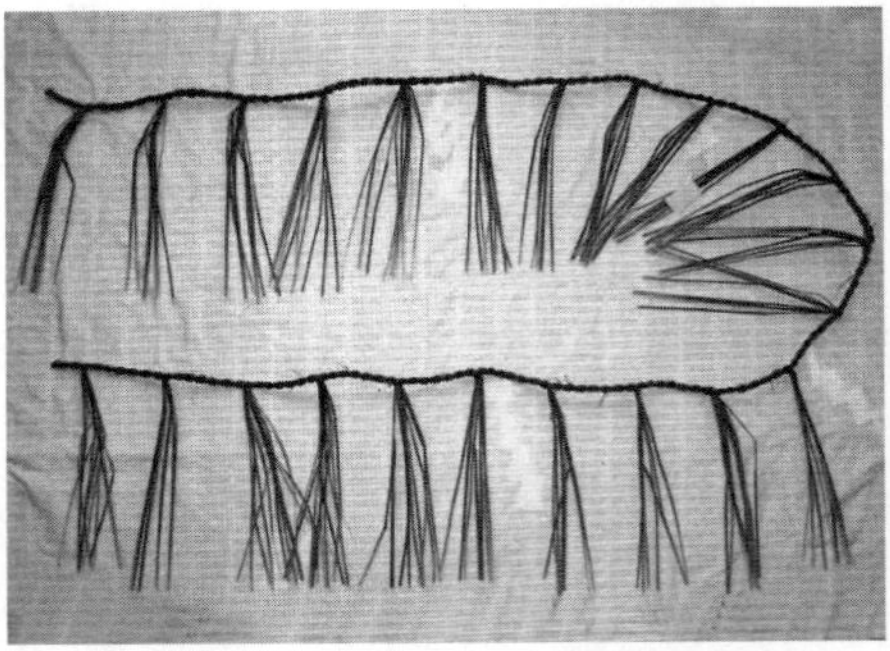

（図12）新潟のしめ縄ばら〆　六尺

こうした後代の神社における縄と同じ役割を、縄文土器の縄文の役割をおっていると考えられる。縄文人にとっては、縄は撚糸文、押し型文、貝殻文、竹菅文、そして火焔土器といわれる粘土紐をくねくねとさまざまな曲線模様に形作っていく表現方法は、まさに不可思議な形をして、見る人を魅了する。しかしそれは全て縄文のバラエティーなのである。

中期の縄文土器には、口縁部には、鶏頭状突起、短冊状突起といわれる粘土紐による形状が、内部の水や食物を崇敬の対象とするのだと考えられる。

今日でも、日本人の食卓では、箸置きが食物の前に、あたかも結界の象徴として並べられる。その結界の向こうの食物は、聖なるものであり、神として考えられている。食べる時、人々は手を合わせて拝むのは、仏教の禅宗の影響と言われるが、それはもともと、神道のよろずのかみがみの一つへの祈りである。

これらの土器は、土器の外面に煤や焦げがついていたり、下部が熱で色が変わっていることから、煮沸用のために作られたといわれるが、何を煮沸していたのであろうか。私は現在でも見られる、東北の炉端を思い起こす。つまり鉄瓶で水を入れて、お湯を沸かすことが原則であろう、と考える。

私が問題にする芸術的な、とさえいえる装飾土器は、実を言えば、遺跡出土の土全体の占める割合の、五パーセント以下であり、それ以外は、煮炊きに使われていたのである。

縄文時代草創期の土器は胴長で、深鉢と呼ばれるものであるが、深土鍋となっており、外側がすすで黒くなっており、内部はこげがついていたりする。形から予想しても、煮込んだり、茹でたり、あるいは、スープをつくったりするのに適している。それ以前は、焼いたり、日干しにしたりするだけだったと考えられるから、これは料理史上、一大革命だったと、食物史の専門家が述べている[25]。つまり世界最古の煮炊き用具と認定できるのである。

深みのある胴長の土鍋こそ、貝汁を作るのに、理想的なものだという。日本各地にある縄文人が残した貝塚からの貝の種類は三五〇種類ほどと言われるから、まさに貝塚があるところに、この縄文土器が実用につかわれていたのである。川の上流や湖などに生息するシジミは、貴重な栄養源であり、貝塚は日本人の食生活の中心的なものだった。女性、子供でも採取できるし、貝スープは他の魚や鳥獣肉類も、そこで煮込む事ができるし、キノコや木の実を入れることも出来る。貝による味覚革命がおこなわれた、とさえ言えるのである。中には、ドングリのアク抜きをしていた、という説もあるが、そうした実用性もあったであろう[26]。

したがって、自然の恩恵を受けることで、感謝の気持ちが強くなり、それが土器をして、祈りの対象ともなるのだろう。土器の五パーセントを占める装飾土器は、まさにそのためであったし、祭祀用の役割を、中期になって演じるようになったのも、自然のなり行きといってもよいであろう。

見事は水紋模様は、水という自然崇拝のあらわれであり、中に、主として水を入れていたはずである。よりも、祈りの対象としての土器であろ考えられるべきである。縄文土器は、あくまでその中に、自然の最も人間に欠かせない水を、神として崇拝するために入れる土器であろう。いずれにせよ、食物の調理は浅底の土器しか考えられず、の方が便利である。従ってこうした深底の場合そこに入れるものは水以外は考えられない。聖水を入れて、外部の縄文・装飾により、そこがその結界であることを示そうとする、という見方が出来るのである。これについては、次章で、新潟の「火焔土器」の形象学的考察を行なってみよう。

食物を入れるのに、この火焔土器が適してはいない。見事は口縁部の複雑でさえある形状は、そこに物を出し入れするもののようには思われないのである。煮沸されていたものは水類しか考えられない形状のものが多い。初期の円筒状や丸底の土器は、そうであっても、平底で、このような複雑な形状の口縁部があることは、食物を調理するのは不可能というべきであろう。いずれにせよ、仮説として縄文土器は、水を神と仰ぐ、この時代の人々の心情を表していよう。このことは、「火炎土器」と呼ばれる馬高式土器の形象学的分析のところで、明かにするつもりである。これが縄文時代に住居跡から見出され、また墓に埋葬されているのも、その一族が水の崇拝のために使っていた土器であった、と考えられるのである。

粘土の紐状細工の複雑さ、造形の面白さは、世界のあらゆる粘土造形の中でも飛び抜けて抽象性、美術性を持っている。これはあたかも自然の渦、炎、蛇などの神秘を感じさせるが、しかしそれが縄、紐を粘土で形状化したものであるかぎり、縄紐の神秘性の追求として考えられるべきであろう。土器の中にある水を、あくまで自然の賜物として仰ぐ精神のあらわれ、と言うことが出来る。それはちょうど、土偶が人々の女性の異形を崇め、神像としてとらえ、同じように紐状、縄状、撚り糸文、押し型文などさまざまな装飾でかたどろうとする神と同じ、神的領域を包み、結ぼうとする精神のあらわれであろう。(27)

第7章　火炎土器ではなく水紋土器である

関東を取り囲む各地は、東北と並んで縄文遺跡が大変多いところである。山麓地帯であるが、無数に河川群がその山麓を刻み、河岸段丘と扇状地が形成されている。高低差のある変化の富んだ風土は、造形性を生み出す格好の土地といっても良いであろう。そして関東地方と同じように、縄文草創期から前期、後期と続けて連続的に創造されており、これらの地域が、縄文模様がさらに変化に富んだものとする地域となっている。

それを証拠立てるように、縄文土器の代表といえば、この地方の「火炎土器」といわれるほどである。隆起性に富んだ独自は土器群を産んでいる。とくに馬高式土器という信濃川流域を主に、新潟県域の縄文遺跡から発見されている。

まさに土器が縄文文化の形象表現の代表的表現というものだが、その象徴的表現のある意味では頂点となった馬高式土器が、いったいどのような意図で生まれたのであろうか。

よく言われるのは、どう使われたかはわからないものの、土器であるから実用性という問題がついてまわる。研究者もともかく何らかの方法で、こうした装飾土器を現実的に使用していたのだろうと考えてきた。しかしこの「火炎土器」にいたっては、実用性を超えて、土器自体が、その表現目的としていることを明確にしているのではないか。

するとこの土器の口縁部を中心とした隆帯装飾の意味を、「火炎」と読んだことを検討しなければならなくなる。この形の土器が出土されたのは、一九三六年、近藤篤三郎氏らの調査によるもので、この命名も氏によると言われる。たしかに燃えているような炎を想定する事ができるかもしれないが、ひとつひとつの部分を見ていくと必ずしもそうではない、と言うことができる。(28)

新潟県立歴史博物館では開館以来、火焔土器について総合的研究をしてきたことでも知られている。その報告のの一部を引用しよう。

《火焔土器の形と文様は特異で、形は胴部より口縁部が大きいというようにアンバランスで、文様は縄文土器共通の特徴である縄文をもたない。口縁部や頸部には数種類の突起が付けられ、器面には渦巻き文様やS字状文に代表される曲線文様が器面全体を覆い尽くすように、粘土紐の貼り付けを原則とする隆帯や半截竹管で削り出した隆線によって施文されている。これらの中で目立つのは、鶏頭冠と呼ばれている突起である。この突起が火焔という名称の基となった炎、あるいは動物をデフォルメしているといわれており、口縁部に四個向き合って大きく立ち上がるように付けられ、典型的なものは文様もこれを中心に四区分されている。このほか、口唇部にある鋸歯状突起や頸部等に付けられるトンボ眼鏡状突起も、この土器のもつ独特の雰囲気を醸し出すのに一役かっている[29]》。

「火炎土器」といわれる土器群が、この信濃川流域からだけ発見されていることは注目すべきことである。というのも信濃川という河川は、まさに水の流れであるからだ。たしかに火焔型土器は、富山、長野、山形県などにも見いだされているが、そのほとんどが新潟県内、特に信濃川上・中流域（津南町、十日町、長岡市）で集中的に出土しているのである。すると、この信濃川に、その形象表現のモチーベーションが関係している、と考えられるのである。

　つまり河川の水の流れである。一見、多くの火焔型土器は、火焔と認識する原因は、炎のように上に突出する、鶏頭冠と呼ばれている突起である。この突起が火焔という名称の基となった炎といわれている。しかし、鶏頭冠といわれるように、動物をデフォルメしているといわれており、形象学的には、火焔という形とはどうも思われない。口縁部に四個向き合って大きく立ち上がるように付けられ、典型的なものは文様もこれを中心に四区分されているが、いずれもまるで小さな波が立ち上がるように見える。口唇部にある鋸歯状突起や頸部等に付けられるトンボ眼鏡状突起も、そうした前提で見ると、さざ波のように見えるし、立

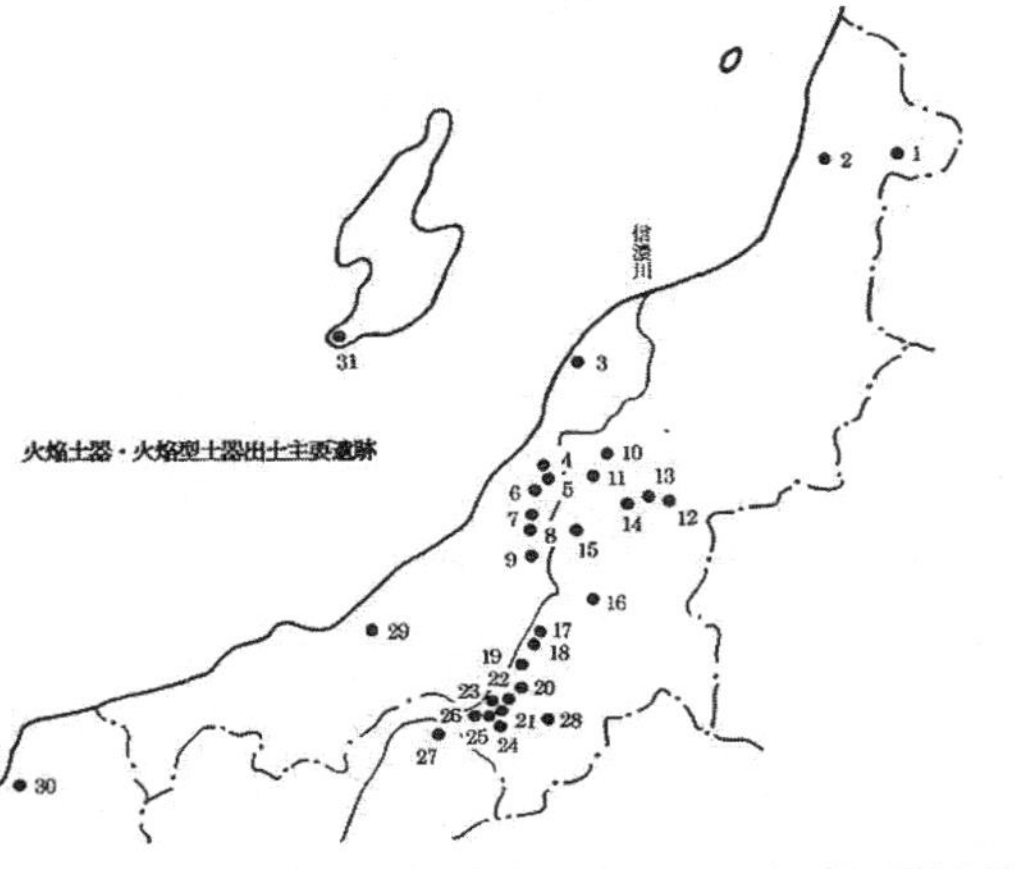

1 朝日村前田遺跡　2 村上市高平遺跡　3 巻町大沢遺跡　4 与板町徳昌寺遺跡　5 与板町下稲場遺跡　6 三島町千石原遺跡　7 長岡市馬高遺跡　8 長岡市岩野原遺跡　9 小千谷市前野遺跡　10 栄町吉野屋遺跡　11 見附市羽黒遺跡　12 下田村長野遺跡　13 栃尾市石倉遺跡　14 栃尾市栃倉遺跡　15 長岡市中道遺跡　16 堀之内町清水上遺跡　17 十日町市野首遺跡　18 十日町市笹山遺跡　19 十日町市城倉遺跡　20 十日町市大井久保遺跡　21 中里村芋川原遺跡　22 中里村森上遺跡　23 津南町堂尻遺跡　24 津南町堂平遺跡　25 津南町道尻手遺跡　26 津南町沖ノ原遺跡　27 長野県栄村長瀬新田遺跡　28 塩沢町原遺跡　29 頸城村塔ヶ崎遺跡　30 富山県魚津市大光寺遺跡　31 小木町長者ヶ平遺跡

信濃川流域　水紋土器出土　主要遺跡

ち上がる渦のように見えるのである。

かりにこの土器が、強い火で焼かれ、また普段に炉にくべられて煮炊きに使われたりしても、火が使われる。火にくべられる土器を、また火焔状に作ろうとするであろうか。当然、火焔とは異なる形状であるとき、神秘性はそがれるではないのか。異質の自然の崇拝物であることが、しぜんではなかろうか。そして火焔土器が火焔らしいのは、口縁部の突起物として炎が上に上がっていく炎ではないか。しかしこの馬高式土器が顕著で、唐草文系や曽利式、井戸尻式などで、あとは火焔とはいえない、平のものが多いのである。

この国宝の「火焔土器」はこの地方で見られる同種の土器のひとつで、形がよく整っているが、しかし「火焔」が、その縄状の表現で、写実性により、裏打ちされているようには見えない。近藤篤三郎氏も、形状をひとつひとつ、自然の具体的な動きを想定しながら、つまり比較しながら、同種の土器を検討したように思えない。信濃川周辺でつくられた土器であることを意識してもっと、水の流れに注目すべきではなかったか。例えば、火焔はこのように、巻き込むような渦の表現をするであろうか。

それは当の土器が、口縁部や頸部には数種類の突起を付け、器面には渦巻き文様や、S字状文に代表される曲線文様が器面全体を覆い尽くしていること。粘土紐の貼り付けを原則とする隆帯や半截竹管で削り出した隆線によって施文されていること。とくに注目すべきなのは、その器面においては、曲線が明らかに波と渦状であることだ。頸部は、その隆帯が渦巻きをつくり、眼鏡状突起とされる部分も、激しい波が円をつくったと思われる。胴部の上部も渦をおなじように描いている。

頸部や胴部上部が明らかに波を表しているとすれば、四つの鶏頭冠はあたかもせり上がった波のように見えるし、その間の鋸歯状口縁も、幾重の波頭が並んでいるように見えるのである。また胴部下の逆U字状文と名付けられた縦の隆線模様は、あたかも垂直に落ちる滝の様にも見える。

他の文明の絵画表現が、線刻であれ、浮き彫りであれ、人間像も動物像も、写実を基本にした具体的な形を表現していることは知られている。アフリカ、ヨーロッパ、メソポタミアの洞窟壁画、岩壁画はみなそうである。たしかに日本の末期縄文時代にあたる殷の銅器の饕餮文は、その形象が具体的な動物文様ではない。しかしその形状は、一貫した図像単位として、多くの器で共通して彫られていることは、当時の人々の形象単語として成立していたことである。[30]

この時代の人々が、日本人だけ例外的に、何を表現して

（図12）国宝　新潟県笹山遺跡出土深鉢形土器　十日町市博物館

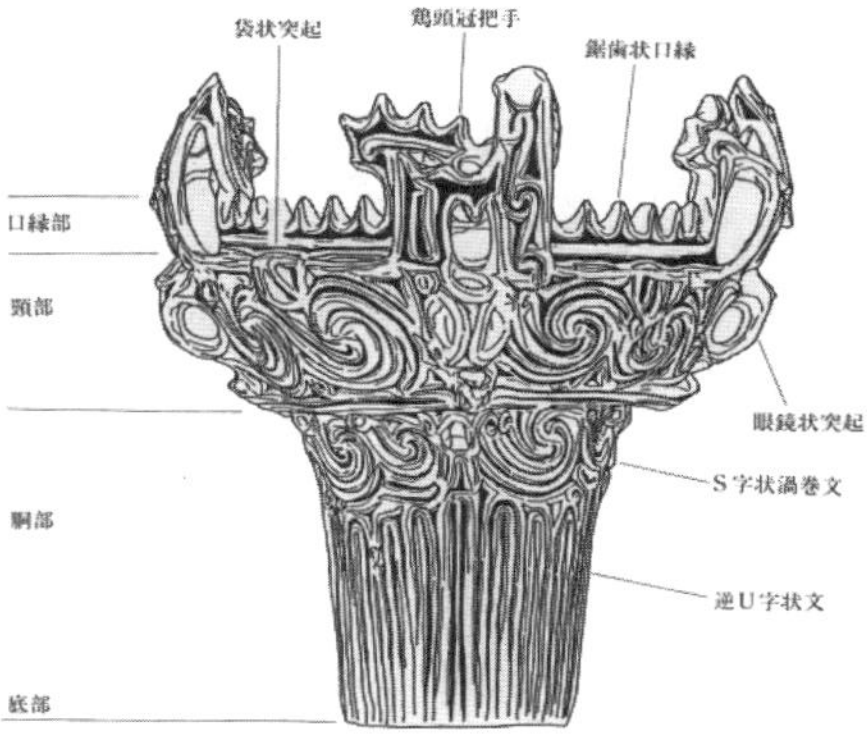

（図13）図12の図示

いるか、学者が断念するほど、抽象化・観念化する能力をもっていたのであろうか。私は土偶が、異形で生まれた者の偶像化である、と分析した。この縄文土器も、何かの偶像化であるが、それが火焔であるか、水流であるか、を議論すべきだと思う。

　最初に具体的な両目の爛れから、あの遮光土器のメガネのような、図案化、形象化がおこなわれ、原形がわからなくなるようなことが、よく起こる。『縄文のビーナス』や、『ハート型ビーナス』がその例である。それはもともとの形が、自立して様式発展し、原型が何であったかわからなくなっていく、形象の自立化、抽象化に通じるのである。絵画史でいえば「マニエリスム化」といってよいであろう。たしかに縄文土器の装飾模様を見ると、多くが形そのものの具体性は見えなくなっている。

　ここではさらに、水や波の東西の表現と縄文土器の装飾模様を比べることによって、その類似と、相違を示そうとしてみよう。後代の進んだ面上の絵画的表現を、線で行うのと、異なり、粘土紐で行うという違いがある。その線と粘土紐の違いがあれ、水流を表現しているのである。

　左の図（図14）はレオナルド・ダ・ヴィンチの水のデッサンから取られたものである。国も時代が違うではないか、と、この比較を疑問視する向きもいるかもしれない。しか

（図14、15）レオナルド・ダ・ヴィンチ　水流と洪水のデッサン　ウインザー城美術館

し水はいつの時代にも同じように流れていた。形象の類似は類似であり、時代を超えても変わらない。今東西、海、川、泉の水流は水流であり、表現方法の比較は形象学の原則である。渦巻く水流の表現は、レオナルドがいかに細かな水の動きの観察者であったかがわかる。丸い渦の描きかたばかりか、画面右の水路から縦に流れ出る滝の姿は、土器の胴部の垂直に粘土紐で描かれる形の元を示しているかに見える。縄文土器の装飾の作者は、レオナルドと同様の水の観察者であり、それを図案化する能力を持っていたと思われる。

　レオナルドのこの図（図15）は、大洪水の図であるが、ここでは洪水が巨大な渦となって荒れ狂い、直に粘土紐で描かれる形の元を示しているかに見える。また下の方には暴風雨によって岩石が崩壊し、全体が渦となって激動していく様がわかる。

　レオナルドはこうした大洪水の図を十数点も描いているが、これは旧約のノアの大洪水の場面として描いており、一五〇〇年という千年王国説による神の審判をこのようなデッサンで描いた。この洪水と暴風雨が重なった動勢が、縄文土器の動勢に似ているのも、一考を要するであろう。[31]

　というのも、信濃川はたびたび氾濫しているし、土器の制作者たちも洪水のことを熟知していたに違いない。単なる水流ではなく、河岸を超えて濁流が入り込み、しぶきをあげる様を、自然の神的な仕業として表現したいと考えたに違いない。

　ところで、日本の水流表現では、世界でも北斎のそれがレオナルドと並んで有名である（図16、17、18、19）。とくに富嶽三十六景の中の『神奈川沖裏波』の大きい波の図は世界の人々が知っているが、五千年前に、同じ風土に住んでいた人々の水流の表現も、粘土紐で表現されているの

（図16、17）北斎の波の図

（図18）波の伊八の波表現

（図19）北斎　木曽路ノ奥阿弥陀ヶ滝
諸国滝巡りの内

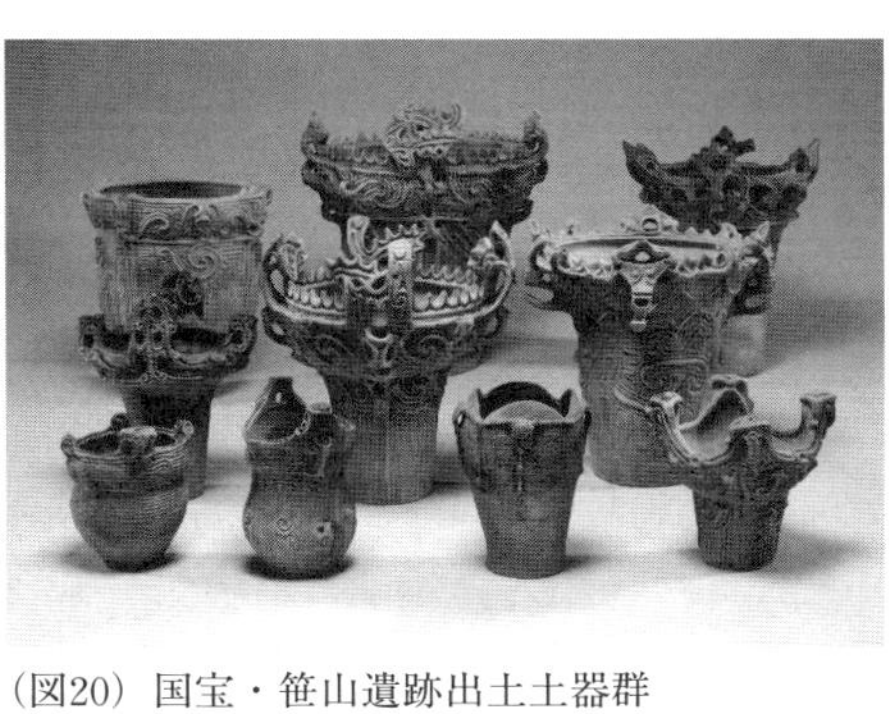

（図20）国宝・笹山遺跡出土土器群
水流渦模様のヴァライテイ

で、形式的に見られるにせよ、観察眼は同じである。北斎のような、同じ日本の風土に生きた江戸の巨匠の水流の表現が異なったものとは思われない。波においては北斎の師匠といわれる波の伊八の浮彫り表現も参考になる（図18）。縄文土器にある、縦の波模様は、あたかも北斎の滝の図（図20）のように、垂直に落ちる水流を表しているように見える。

おわりに　水の神格化

しかし私たちは、その原型をさぐることによって、縄文人の意図を読み取らねばならない。

水流から出発した縄文土器の装飾の変更過程は、図20の写真の多くの土器を見ればわかる。中央にあるのが、国宝となった前述の「火焔土器」であるが、私の分析では唯一のオリジナルの「水紋土器」と言ってよい。形象は、それが他の作者によって繰り返されることによって、その迫力ある写実性が失われていき、抽象的な発展形態を取っていく。しかし渦巻きが残されたり、曲線模様が円を描いている中で、その元が水であったことは、予想ができるが、しかし作家自身もそれを忘れていくのである。

縄文土偶にも顕著に見られることは、美術史では、様式として「マニエリスム」と呼び、華麗だが、しかし表現が形式的になりがちである。この新潟、信濃川流域以外の形態が、形態自身の自己発展を遂げ、その起源をわからなくしている。

（図21）出雲大社　注連縄

しかし、なぜ人々は、水紋を表現をするのか。むろん、水なしには生きられない、という人間の身体から発し、その水そのものへの信仰を形にすることに由来するであろう。縄文が、その土器の内なる自然信仰の対象を、包むことによって、神社の正面をかざる注連縄（しめなわ）のような役割を演じるのである。内に水という神々がいる。

日本の神話をたどってよう。

記紀には、水神としてミツハノメ（罔象女）という女神が登場する。『日本書紀』神代上（第五段一書第二、第三）に、火神を産んでイザナミが焼け死ぬ際に、水神の罔象女と土の神のハニヤマヒメ（「埴山姫」）を産んだと書かれている。古事記では、ミツハノメノカミ（弥都波能売神）と記されている[32]。

この水神だけでなく、オカミノカミ（龗神）とタカオカミノカミ（高龗神）がおり、『古事記』ではイザナギノミコトがカグツチノカミを斬って生じた三柱の神のうちの一柱が「高龗神」なのである。この高龗神とは、ひとつに祈雨・止雨の神である。つまり、水紋土器は、単純に、水の神ではなく、雨の神を祀る意味であることも十分に考えられることである。

一方で「高龗神」を「闇淤加美神（クラオカミノカミ）」ともいわれる。闇は谷あいの意味で淤加美は、その神のことであろう。古来より雨を司る竜神でもある。高は闇（谷）に対して山峰を指している。オカミ（龗）は龍神で、雨を司る神の意味である。タカオカミ（高龗神）は、まさに谷川の龍を意味していることになる。また「闇御津羽神（クラミツハノカミ）」は、谷の水の神のことを指している。

日本の水の神が、谷の水の神をあらわすことが多いとなると、まさに信濃川周辺の谷の水の流れが、縄文土器のモチーフになってもおかしくないことになる。私は高天原時代の神々が、縄文・弥生時代の神々と重なっているはずだ、と述べてきたが、その時代の新潟県地方は、日高見国の一地方として、信濃川の水、魚を糧にして生きていた人々の創造的表現が水紋土器に至ったのではないか、と考える。

たしかにオカミ（龗）が龍神だとすると、縄文土器の激しい水流文は龍神を思わせるところがある。ただ中国の大河の河神である龍のような暴虐性を感じさせるものはない。日本の水流は、例え洪水があろうと、それはあくまで激しい水流により生じた形象のうねりであり、決して中国の龍の怖ろしさというわけではない。記紀の著者たちが、オカミという言葉を、漢字にあてはめるとき、龗などという難しい文字を選んだが、そのとき、日本にない意味合いを入れざるをえなかったのだろう。

日本の水流といえば、記紀には信濃川の記述はないが、同じ東国の『常陸国風土記』には、まず《天地の初め、草も木も言葉を語ったころに、天より降り来たった神があった。名は普都（ふつ）の大神といひ、葦原の中津の国を巡行し、山川の荒ぶる神たちを和めた》（口語訳）とある。

この草も木も「言葉を語った」という言葉が面白い。言葉いう文字が、葉をつけていることの起源を語っているようだからである。草も木も言葉を語った、つまり人間と草木の間に対等なコミュニケーションがあったことであり、葉のように落ちてしまい、その場かぎりのものであったことを示している。

その時代に「山川の荒ぶる神たち」がおり、それを「和める」ために布都の神が降り立ったという。その「和める」姿として、河川の描写がある。諺に「水泳（みずくぐる）茨城の国」といわれる茨城郡の記述に《郡の西南を流れる信筑の川は、筑波の山に水源を発し、郡内をめぐって、東の高浜の海に注いでゐる。（略）この地は、花香る春に、また落葉散る秋に、乗り物を走らせ、舟を漕いで出かける。春には浦の花が千々に彩り、秋には岸の紅葉が百々に色づく。・・夏には・・浜辺で海を眺めて過ごす。波を蹴立てて寄せる風に、暑さや気怠さを忘れ、・・。歌われる歌は、

　高浜に　来寄する浪の　沖つ浪　寄するとも寄らじ　子らにし寄らば[33]》。

　最後の歌は、むろん恋愛歌であるが、浜に沖から寄せ来る波の観察から始まっている。ここでは海の波であるが、それが谷川の流れであっても、人々は熱く語りかけるような言葉を得たことであろう。新潟の水紋土器は、まさにその形象化ではなかったか。

　たしかに富山、長野、山形、群馬などでも、水波を感じさせる土器、つまり、これまで火焔土器と称される土器が見出されているが、しかし明らかに水紋だと思わせるものは、信濃川上中流域（津南町、十日町市、長岡市）に集中的に出土している。原型の水紋土器を作って、それが型として周囲の職人が誇張したり、より変化をつけたり、最後はその様式として、図案化していく過程が見いだせるようだ。

　信濃川から千曲川に代わって、長野県の各地方の土器芸飾を形づくっていくように見える。これがほとんど同時期と思われるのはそれだけ伝播が早かったのであろう。

　この装飾土器が流布するにつれて、煮炊きのための土器も祭器にとって代わり豪華なものになっていったと思われる。内面に炭化物が付着した例もあるように、多様に使われたのであろう。

　遺跡出土の土器全体に占める水紋土器の割合は、五パーセント以下であり、日常性をこえた祭祀用の役割があったのである。しかし華麗な水紋土器は、祭事に水の神として、祀られたと考えられるのだ。

（1）拙著『日本の起源は日高見国にあった』勉誠選書、二〇一八年、第1章参照。

（2）コブスタン岩窟博物館解説より(Qobustan, A book of Millenia, Dubai, IRS Publishing House, 2014)。ほぼ日本の縄文時代とかさなる時代の遺跡である。ここの遺跡にも土器があるが、日本のように口が大きく開いたものはない。文様もより幾何学的で、鹿なども描きこまれている。

（3）拙著『高天原は関東にあった』勉誠出版社、二〇一七年。

（4）小山修三『縄文時代　コンピューター考古学による復元』中公新書、昭和五十九年　年）。小山氏の縄文時代の人口推計に基づく。枝村俊郎・熊谷樹一郎「縄づ文遺跡の立地性向」『GIS-理論と応用 vol.1.17 no.1』（二〇〇九年）からその図を引用させて頂いた。

（5）拙著『日本の起源は日高見国にあった』既出。

（6）拙著『東京の歴史』ビジネス社、二〇一五年。

（7）参考図は枝村俊郎・熊谷樹一郎・注（4）から荒木稔氏が縄文遺跡の数から当時の交通網を推定したもの。「花見川流域を歩く」というブログに掲載されたこの考察は、単なる遺跡を孤立したものではなく、日高見国全体の結びつきを考える上で参考になると思われる。引用させて頂いた関係者に感謝したい。

（8）井口直司「関東の土器　大陸からもっとも遠い地で独自文化が進む」『縄文土器ガイドブック』新泉社、二〇一二年。

（9）井口・既出・四十八頁。

（10）拙著『美しい「形」の日本』（ビジネス社、二〇一三年）では、岡本太郎の『日本の伝統』の文章を引きながら、「火焔土器」として語っていた。しかし今回は、新たな観点から水紋土器と考えを変えたい。岡本太郎「四次元との対話　縄文土器論」『みずゑ』一九五二年二月号。石井匠「火焔土器の迷宮　断ち切られたもう一つの岡本太郎」『ユリイカ』平成二十九年三、四月号。

（11）小林達雄編『縄文土器を読む』UMpromotion 平成二四年。

（12）松木武彦『美の考古学』（新潮選書、二〇一六年。バルテュス＋セミール・ゼキ『芸術と脳科学者の対話』青土社、二〇〇七年。

（13）松木武彦・既出、三〇頁。

（14）拙論「フェルメール・真珠の画家」『光は東方より　西洋美術に与えた中国・日本の影響』河出書房新社。方法論については、一九八六年、同『フォルモロジー研究』美術出版社、一九八五年、参照。

（15）小林達雄『縄文人の世界』朝日選書、一九九六年。

（16）大谷幸一『図説　縄文人のしられざる数字』彩流社、二〇一七年。この本はこうした縄文模様を、幾何学的に読み取ろうしているが、成功しているとは思われない。

（17）小林達雄「縄文土器の様式と型式と形式」『縄文土器を読む』アム・プロモーション、二〇一二年）

（18）藤木強・小林達雄他編『縄文文化の研究九　縄文人の精神文化』雄山閣出版、一九八三年。

（19）松木武彦・既出、三〇頁。

（20）松木武彦、既出。三十五頁。

（21）初出・『東北大学文学部紀要』一九九九年、『高天原は関東にあった』勉誠出版、二〇一七年所収。

（22）磯前順一『記紀神話と考古学』の「土偶論の視座」（角川学芸出版、二〇〇九。

（23）磯前順一・既出。

（24）「取結縄葛者」『日本書紀』弘計天皇の条。

（25）永山久夫『「和の食」全史　縄文から現代まで　長寿国・日本の恵み』河出書房新社、二〇一七年。

（26）渡辺誠『縄文時代の植物食』雄山閣出版　考古学選書、一九七五年。

(27) 額田巖『ひも　ものと人間の文化史』法政大学出版会、一九八六年。戸矢学『縄文の神　よみがえる精霊信仰』河出書房新社、二〇一六年、参照。

(28) 近藤篤三郎氏らの調査、一九三六年。中村孝三郎。『三火焔土器物語　火焔土器の誕生〃。古代の追跡』講談社、一九七〇年。団。

(29) 財団法人新潟県埋蔵文化財調査事業団。〃火焔土器のなぞ〃。新潟の遺跡　先人からのメッセージ。新潟日報事業社、２０００、p. 20-22。西田泰民「土器用途論基礎考」『新潟県立歴史博物館研究紀要』１、二〇〇〇ん年。

(30) 饕餮（とうてつ、拼音：tāotiè）とは、中国神話の怪物を表している。体は牛か羊で、曲がった角、虎の牙、人の爪、人の顔などを持つ。饕餮の「饕」は財産を貪る、「餮」は食物を貪るの意である［1］。何でも食べる猛獣、というイメージから転じて、魔を喰らう、という考えが生まれ、後代には魔除けの意味を持つようになった。一説によると、蚩尤の頭だとされる（ウィキペディアより）。このような怪物的な意味合いは、日本の縄文土器の意味としては考えられない。

(31) 拙論「レオナルドの水力デッサン」『レオナルド・ダ・ヴィンチの世界像』東北大学出版会、二〇〇五年、所収。

(32) 日本書紀神代上（第五段一書第二、第三）

(33) 日本の龍は、中国から伝来し、元々日本にあった蛇神信仰と融合した。中世以降の解釈では日本神話に登場する八岐大蛇も竜の一種とされることがある。古墳などに見られる四神の青竜が有名だが、他にも水の神として各地で民間信仰の対象となった。九頭竜伝承は特に有名である。灌漑技術が未熟だった時代には、旱魃が続くと、竜神に食べ物や生け贄を捧げたり、高僧が祈りを捧げるといった雨乞いが行われている（ウイキペディアより）。そのような意味では、祭祀用の縄文土器には、雨乞いの意味があったと考えられる。

(34) 『常陸国風土器』茨城郡の記述。

書評

ヘイドン・ホワイト『メタヒストリー 十九世紀ヨーロッパにおける歴史的想像力』

岩崎稔監訳、作品社、二〇一七年

新しい日本史観の確立のための有効な書

過去の歴史事実を探求する歴史家にとって、抽象的な歴史論の類は、あまり有効だとは思われない。二十世紀を支配したマルクス主義イデオロギーが、歴史を誤った方向に導いたと感じる歴史家にとって、この書は、大いに参考になる労作である。マルクス主義者が指弾してきた「歴史修正主義」というレッテルに臆することなく、それこそが逆に歴史に対する正しい態度として、我々はあらたな歴史への姿勢をもたなくてはならない。それに基づく歴史を、今や全面的に書き換えなければならない時期にきたのである。

その時代に当たって、このヘイドン・ホワイトの『メタヒストリー』は、時機を得ている、と言わなければならない。もっとも、この本の発行は、今から四十四年前、ということから、ホワイトはその頃から、同じことを考えていたともいえる。マルクス主義は、多くの歴史の修辞的言説の一つに過ぎず、それなりの欠陥を持った一つである、ということを考察していたのである。

この和訳本の刊行に対して著者自身が次のように言っている。《『メタヒストリー』がずっと世の主流派の言説に受け入れられないできたのに、ついにこうして日本語版に一文を求められる日が来たのを、とても光栄に思っています》と、いささか皮肉まじりに語っている。それほど《世の主流派の言説》とやらが強かったことを、溜息交じりに述べているようなのだ。だからマルクス信仰評論家、柄谷行人氏が、偏向新聞である朝日の短い書評を頼まれて、この本がマルクス主義の影響にないアメリカの歴史家であったことに、驚いていた。氏はアメリカの歴史家が、自分が講義をしたことがある程、マルクス主義が主流であったことを、得意気に語っているのである。

とんでもない時代が四十四年の間、続いてしまったということだ。一九七〇年までは、マルクス主義観による歴史記述は、共産党系の歴史家たちが大手を振って書いていた。

この本に取り上げられているヘーゲル、ランケ、ブルクハルト、ニーチェなどの十九世紀の歴史家の言説が「非科学的」な言説として片づけられていた。しかし、ここには、西洋の歴史観の一翼をしめるものとして取り上げられているのである。

ある書評紙での鼎談の中で、この書を和訳した岩崎稔氏によると《この大著はひと言で言い切るなら、文字通りヒストリーに対するメタな反省的視座を確保しつつ、広い意味での歴史に係るテクストに関してその形式的な構造を大胆かつ精密に解明していく仕事です。私たちが歴史を語る際には、決ってそこにプロットを作り出し、論証の構造を見出し、さらにそれを通じて一定のイデオロギーの類型が構築されていく。しかもその根底には、人間の言語行為が持つ極めて規定力の強い形式としての四つのトゥループ（喩法）が存在する。隠喩、換喩、提喩、アイロニー、この四つの喩法の形式を取り上げ、鮮やかな類型化を提起し、十九世紀の歴史学と歴史哲学を架橋してみせた傑出した作品です》と語っている。

この『メタヒストリー』が、歴史と文学の架橋をし、その差異を相対化するものであることは、新しい歴史教科書の運動にとって有効な示唆を与えている。また『メタヒストリー』には、歴史学と歴史哲学を架橋して歴史を再考する契機を与えているのである。ホワイトが具体的な対象としてあげるのは十九世紀の歴史学と歴史哲学であるが、その検討の中で、焦点を歴史叙述そのものに、当てている。それは新しい日本の歴史観を構築しようとする我々にとって、マルクス主義と対峙するための多くの示唆を与えてくれる。

1　マルクス

日本では未だにずるずると、圧倒的影響を歴史家たちに与えているマルクス主義を、ホワイトはどのように見ているのであろうか。

歴史は、マルクスにより《換喩の様式における歴史の歴史的弁護》によって語られている、と述べる。《マルクスが目指したのは、歴史の場を占める力や対象を究極的に一つに統合するという希望を、どこまでリアリスティックに思い描くことができるのか、はっきりさせることにあった》と述べている。つまりマルクスの「統合」は、労働とその生産物、と言う観点によるものである。

ホワイトは、例えば次のようなマルクスの言葉を引用している。社会の分業に触れて、《分業とともに・・そして社会が互いに対立し合う個々の家族へと分化すると同時に、分配が生まれるのであり、実際的に言うなら労働とその生産物の（量的にも質的にも）不平等な分配が、つまり所有が出現するのである。この所有の核となるものは、つまり所有の初発の形の形態は、家族のなかに存在しているのであり、そこでは妻と子供が夫の奴隷である》。

つまり家族こそが不平等の分配が行われる初発の形態であると言っていることである。「所有」という言葉を使って、夫の妻と子供がその「奴隷」となる、と言うのだ。「対立」「不平等」「奴隷」などの言葉による「類型化」がいかに「鮮やか」であろうと、それは現実の社会では、一つの否定的「隠喩、換喩、提喩」の類であって、正常な解釈ではない、一方的な解釈となる。

「社会が対立し合う」こと、「労働とその生産物の不平等な分配」がなされること、「妻と子供が夫の奴隷」となること、などの様相が果たして《歴史の場を占める力や対象を究極的に一つに統合する》ことによってえられた結果であろうか。つまりマルクスの「希望」とは、常に社会が不幸な状態を設定なしにはできない。

こうした家族の中の対立を、社会の対立の原点としている限り、マルクスの誤謬は明らかである。人間は家族によって初めて社会的な幸福な状態が期待され、それが実現されているからこそ、子孫が生まれ、育まれ、人口が増えていくのである。それはあくまで人間の意思ではなく、自然そのものによって作られる状態であり、そこには自然の形としての「家族」が現出する。その「家族」自身を、最初から不自然な対立関係がある、というのであれば、人間はとうに絶滅していることになる。

そこに対立関係がある、というなら、それは特殊な社会を作り出した人間の責任である。もし家族の不安定さを、実感していたとすれば、その一つの原因はユダヤ人とキリスト教徒の間に生まれた相克の結果だ、と言わなければならないだろう。つまりアダムとエヴァが幸福な家庭をつくろうとした時、楽園を追放されてしまった、というユダヤ、キリスト教徒の旧約聖書だけがそれを言っているからである。

マルクスが有名な言葉、《哲学者はこれまで世界を解釈してきたに過ぎない。重要なことはそれを変革することだ》と言っている以上、マルクスの歴史分析は、家族なり社会なりを解釈的に分析するのではなく、マルクスの「変革」の目的に沿って《隠喩、換喩、提喩、アイロニー》などというレトリックで、対立化し、あたかも理論のただしいように編み出したことになる。このことをホワイトが、このマルクス論で言っているのではないか。それは、どんな現実でも、隠喩、換喩、提喩、アイロニーなどというレトリックで別様に描ける、ということでもある。

現在にも多くいる、マルクス主義の歴史家は、あたかも歴史を、唯物論的に解釈し、そこにイデオロギー的なものはない、と言いがちである。この書のマイケル・ロスの「前書き」は、歴史という装置は「透明な説明と見える」といっている。歴史家は史料を分析し、過去をナラティブへと形作っていくが、そこには、物語を作っている自覚がない。このことの批判を、ホワイトは十九世紀の事例で実践したと、ロスは述べているのである。マルクスの歴史学はまさにそれを実践していた、ということになる。マルクスのつくった物語であったのだ。

その言語論的転回が、物語論的転回であり、ホワイトは、あらためて歴史学が「言語による構築物」であることに注意を向けている。このことを多くのマルクス主義の歴史家は理解したくなかったことなのだ。

2　ブルクハルト

マルクスと同時代で、マルクスの経済学中心史観と対象的な文化史観を打ち出した歴史家にブルクハルトがいる。歴史はそこに普遍的価値が見出せてこそ物語として記すものだ。ブルクハルトは、その物語的転回を意識した、といわれている。思想史家のカール・レーヴィットは、彼だけが《神話と歴史的知との混同から生み出され、中世初期より十九世紀半ばまで歴史的思考を支配していたあの始末におえない「歴史哲学」から、歴史を最終的に解き放つことが出来たり（レーヴィット『世界史と救済史』三十一頁以下)。

それに対し、ホワイトは、《しかし、レーヴィットは、ブルクハルトが駆使した、洗練された文体、機知、「リアリスム」、「ものごとをありのままに」見たいという願望、そしてそれがただひたすら「直観する」ことなのだと説明する態度に含まれる反動的意味そのものが、実のところやはり特殊の種類の物語意識という要素だということを理解していなかった。ブルクハルトは、歴史的思考を物語全般から解放したのではなく、その時代の想像力を縛っていた歴史の物語から、つまりロマンス劇、喜劇、悲劇という三つの物語形式から解放しただけだった》と語っている。

さらにホワイトはブルクハルトについて、次のように述べている。この本で扱ったヘルダー、ランケ、トクヴィル、ミシュレについても触れているので、引用しておこう。

《ブルクハルトの過去に対する態度には、批判的な契機が含まれていないわけではない。(彼がしばしば肯定的に引用抱いている）ヘルダーとは違って、ブルクハルトは古いものなら何でも擁護しているわけではない。またランケと違い、ものごとは長い目で見ればいつもよい方向に向かい、個人的な悪徳も公共の利益に変わっていくものだ、などという幻想を抱いていたわけではない。さらにトクヴィルと違って、理性と思慮深い言葉が矛盾に満ちた現状から価値のあるものを救い出してくれるだろう、などという儚い希望にすがって、自分が個人的に抱いている最悪の恐れを無理やり抑制するなどということもしなかった。そして言うまでもないが、ミシュレとも違って、争いごとであれ偉大な目的であれ、何かに対して熱狂することはなかった。ブルクハルトはあらゆるものに対して、自分自身に対してすら、アイロニカルだった。自分自身の真剣さについてさえ心の底から信じているわけではなかったのである》（三七九―八〇頁）。

　ブルクハルトの客観性をもったこのような態度を指摘して評価している。ブルクハルトが、ルネッサンスの代表画家ラファエロについてどうとらえているかを考えてみよう。古代の人物たちをいかに表現していたか、次のように言っている。

《（ラファエロは）歴史と芸術に同時に忠実であり続けながら、観る人を永遠に惹きつけてやまない美しい作品を創りだしたのである。ブルクハルトは結論づけている。「近代人の精神は、形式美の領域において、ラファエロ以上にすぐれた支配者にして守護者である人物を知らない。というのも、古代は私たちには断片化した姿でどうやら残されているが、その精神はけっして私たちのそれではないからである」。ラファエルロがたんなる「美的」天才というよりも、本質的に「倫理的」天才だったのは、歴史的感覚と美的感覚に共に忠実であり続けることが出来た彼の能力によってである、と ブルクハルトは言う》（ホワイト・四一二頁）。

　このように、ラファエルロに頂点をおく、彼のルネッサンス観は、その後は凋落の一歩をたどることとなり、様々な才能ある芸術家もいたものの、その凋落を止めることが出来なかった、と言うのだ。

　ここには、「近代」が文化において凋落していくことを述べられる。この見解は、文化、特に芸術というものが、「近代」に進歩したものとして現出するものではなく、凋落したものとして現れる。ここにブルクハルトにおいて、単なる芸術の問題においてだけではなく、文化価値を歴史の中心に置く、「近代凋落史観」が生まれているのである。近代の「卑属なレアリズム」に対する嫌悪であり、そこに「倫理」と「美」が失われた時代を見出している。

　ブルクハルトがその『世界史的考察』でいうのは、《歴史は人間一般の本質についての認識という点では、詩の恩恵をこうむっている。そのうえ「詩が創造された目的は、歴史よりもはるかに崇高なものである。つまり詩が原理を与えているのであり、その原理によって、出来事をそれぞれの特殊性に即して歴史的に考察する営みを、一つの構造にまとめ上げることが可能になる」》(ホワイト・四一五頁)

ブルクハルトは、その『イタリア・ルネッサンス文化』でフィレンツエを芸術都市として規定している。この意味は、そこで演じられる政治でさえ、あたかも演劇のように見える、という意味を含んでいるが、この歴史家にとっては、文化・芸術が歴史のメルクマールなのである。そして歴史自身も、詩に基づき一つの構造にまとめ上げることになる。歴史が芸術作品として書かれなくてはならない、というのである。

《歴史という芸術を脅かしている危険性は、ルネッサンス芸術を脅かしていた二つの危険性と同じであった。やはりアレゴリーと象徴化である。繰り返すなら、アレゴリーとは、歴史的事実から道徳的意味を引きだすことであり、象徴化とは、具体的な現実を無時間的な精神的諸力の暗示にまで昇華することであった。聖アウグスティヌスの『神の国』は、この第一の危険性の実例であり、歴史的な出来事を、万物を支配する倫理的な力の顕現にまで還元した》(ホワイト・四一七頁)。

ここでは、アレゴリー化と象徴化によって、あらゆる出来事がその特殊性を奪われ、類や種という普遍的カテゴリーに変換されてしまう。そのことを危険視しているのだ。そこには、歴史にその事実性を失わせ、芸術の具体性を忘れさせる危険性をもたらすことを恐れるからだ、という。

ホワイトは、ブルクハルトが芸術にペッシミズムを抱き、人間のうちに潜む究極的な創造的能力に対する信頼の芽を埋めこんでしまった、という言い方をして、否定的に見ている。しかし、それはブルクハルトが、芸術には様式展開というものがあって、その創造力もそれに従って変化することを知っているからだ。ブルクハルトが言いたいのは、このルネッサンスの時期を離れるに従って、「凋落」の方向に向かって展開していく、という芸術の様式の変化を述べている、ということを理解出来ていない。この芸術史の変化の過程を、ホワイトは捉えていないのだ。

『メタヒストリー』は、十九世紀の歴史叙述を分析対象とする巨大な史学史であるが、先に指摘したように、歴史哲学と組み合わせ論じることによって、歴史の深層にまで入り込んだ史学史を形成している、と言ってよいであろう。

ただ、歴史という記述においては、芸術・文化という対象のみならず、政治、経済、風俗などの歴史に対しても、そこに価値の変化を記すことが必要なのだ。

どの時代も同じように記述するのではなく、その時代が、記すに値するという歴史家の価値判断が必須である。ホワイトの主張によれば、四つの喩法のどれかを選択するかによって、史料の見方が変わっていくことを述べているが、そこには、記述する対象の価値観が明確にされていない。

その価値観の有無こそが歴史記述の要諦となるべきであろう。ブルクハルトは、ラファエルロの記述に見えるように、そこに審美的な価値を明確にしながら、この時代のイタリアを語っているのである。

3 「物語」と「歴史」——「新しい歴史教科書をつくる会」の運動をめぐって

この『メタヒストリー』が、出版されるや否や、これまでマルクス主義一辺倒であった、日本の歴史理論家に、どうやらショックを与えたらしい。

『読書人』という書評誌が、次のような紹介をし、鼎談を試みている。

《日本語への翻訳が「不可能」とされてきた、ヘイドン・ホワイトの『メタヒストリー』が、原書刊行から四四年の時を経て、遂に邦訳が上梓された（作品社刊）。

歴史叙述と歴史学の在り方をめぐる論争の一つの基点となってきた書物でもあり、歴史学の領域のみならず、幅広い学問分野からの注目を集めている。

同書をめぐっては、先般、東京外国語大学で開催された国際シンポジウムにも、百人を超える聴衆がつめかけた。この壮大な歴史書が、現在に問いかけるものとは何か。

監訳を務めた岩崎稔（東京外国語大学教授）、歴史家の成田龍一（日本女子大学教授）、翻訳者のひとりである橋爪大輝（東京大学大学院博士課程）の三氏に鼎談をしてもらった。司会は橋爪氏が務めた》。

「新しい歴史教科書をつくる会」の運動が起きた時、坂本多加雄学習院大教授によって「歴史＝物語」であるという問題が提起された。歴史は国家の「来歴論」である、という主張である。歴史が物語であると述べ、そこに、日本の来歴がこめられるという論は、マルクス主義の歴史家によって、批判の俎上に上らざるをえなかった。さらに野家啓一・東北大教授の『物語の哲学』に対して、左翼の高橋哲哉・東大教授が「これでは国民の物語は批判できない」と述べて論争になった。教科書の歴史がナショナリスムに結びつくと考えられ、歴史に「何でもあり」となるとして共産党系歴史家たちが批判していた。

ところが、そのような批判は、ほとんど党派的感情論で、坂本氏の真意ではない。氏が《自らを誇らしいものとして作っていけるようなアイデンティティ、それを組むためにふさわしい来歴を用意していけばいい》などと言ったことはない。これが「新しい歴史教科書をつくる会」のような歴史修正主義の理論的支柱にもなった、と考えられるのも、おかしなことである。九〇年代以降、それが支配的になったというが、それは、一つ一つ、実証的に述べられている。例えば育鵬社から出た「誇らしさ」を表した『日本史の中の世界一』には、なぜ世界一か、他国の実態と実証的に、比較して述べられている。それは事実で、作られたものではない。

岩崎稔・外国語大学教授は、坂本氏の論に対しては、「忘却のための「国民の物語」」という批評文を書いていた。この鼎談でその内容を批評しているが、そこで、この「歴史＝物語」論を理論的に裏付ける役割を果たした、坂本多加雄氏の考え方を、歴史の物語論の陥穽による現状認識と批判している。氏はそこで、九〇年代半ばに登場した「新しい歴史教科書をつくる会」が、九〇年代以降の歴史修正主義の、日本における典型的な現象であった、と述べ、その特徴のひとつは、「物語」という概念を使い、物語という可能性あるアイデアが、「悪意のために横領された典型的なケース」という趣旨だと難じている。

坂本氏の「来歴論」について、岩崎氏はこう解説する。《歴史とはそれを語る当事者のアイデンティティに深く関わる物語である、そして構築的であるからこそメンテナンスが必要であり、これを怠れば自分を喪失してしまう。したがって、自らに誇りを与えるナショナリスティックな物語は、絶対に守っていかなければならない》という。《そこに自分たちのアイデンティティを揺るがすような、たとえば「慰安婦」問題や朝鮮の植民地支配といった汚辱の歴史が入ってくると、自らの語りが危機に陥ってしまうから、退けなくてはならない》と述べるのである。

しかし、この言い方は間違っている。我々がいうのは、あくまで実証的な態度から出ているのであって、岩崎氏のように党派的な態度、つまりマルクス主義史観を信奉して言っているのではない。慰安婦を「性奴隷」などと歪曲し、日本の政府を糾弾しているが、政府の責任にするのは、誤りであることは実証されている。吉田清治などの嘘の証言を見抜けず、朝日新聞がそれを取り上げて、いたずらに虚偽の慰安婦問題を宣伝し続けたことの方が、はるかに重大な犯罪であるのだ。未だに国連などに影響を与えているのも、左翼の「党派的捏造」がいかに罪作りであり、日本人の誇りを傷つけているかがわかる。

坂本氏のこうした議論が、《この時代の軽やかで饒舌な空気のなかで、それに合わせて巧みにナショナリズムの言説を擁護するモデルとなった》というが、あの時、問題とされたのは、歴史が物語であるかどうかということではなく、言ってみれば、物語の効果をめぐる論争だった。つまり保守の運動の効果を摘むための、左翼の単なる言いがかりに過ぎなかったのである。

従って、それ以後、歴史学界で、この『メタヒストリー』で、論じているような問題は、決して論じられることはなかったのである。それが現在の左翼・歴史家の限界であり、能力の無さを露呈していたのだ。《そのことで直ちに歴史のナラティブ性についての議論の窓を閉じてしまうのは、過剰防衛の間違った選択》でした、と岩崎氏は述べているが、マルクス主義に囚われた彼らには、他のナラティヴ性は問題にならないのである。

坂本氏は急病で亡くなられた後、「つくる会」の会長であった田中英道・東北大学教授や伊藤隆氏、小堀桂一郎氏、中西輝正氏らがそれぞれの立場から、日本の歴史を、別のナラテイヴな方法で、展開している。新たな歴史事実の発見や、事実の肯定的解釈によって、日本の歴史の構築を行なっている。既成の左翼学者たちは、それを理解し、批判する能力さえ欠いているように見える。「日本国史学会」の運動の中にマルクス主義的歴史に対抗する歴史理論が、打ち立てられようとしている。それに対し相変わらずマルクス主義を批判できず、又新しい考えも出せないまま日本の歴史学そのものの衰退をもたらされている。つまりこのホワイト氏の『メタヒストリー』でさえも、無視はしても、批判する能力はない歴史学者だけの学界があるのだ。

（Ｍ・Ｈ）

書評　**小堀桂一郎『鈴木貫太郎　用うるに玄黙より大なるはなし』**

ミネルヴァ書房、平成二十八年

日本的政治家の典型

鈴木貫太郎は、言うまでもなく大東亜戦争時の最後の総理大臣で、昭和の西郷隆盛とさえ言われた人物である。しかしその割には、戦後、「軍国主義批判」が先行する中で、日本本格的研究が少なかった。いかに、鈴木首相の下で、日本が敗戦ではなく終戦を迎えることが出来たか。昭和天皇を連合軍から守ったか、その重大な極面の責任者であった鈴木貫太郎の役割は大きかった。

小堀氏は三十七年前、『宰相　鈴木貫太郎』（昭和五十七年）を出され、好評だったが、この書ではその後の研究を参照しながら、その後の考察を重ねた労作である。鈴木自身の自伝を元に、それをいかにより客観的に理解するか。それが伝記の焦点になっている。

前に一度、小堀氏の昭和天皇の伝記の書評を、お引き受けしたのは、多くの左翼史家の書が、天皇に対し敬語も忘れて書く態度に、歴史家として日本人であることを忘れていいか、という疑問を感じていたからである。天皇を支えるのは我々であるという国民の観点を忘れて天皇の伝記が書けるはずがない。人物伝にすぐれた記述力をお持ちの同氏が、今度は官下である鈴木をいかなる視点で、書かれるか、関心をもった。往々にして、クロニカルな生涯の単調な記述になるところを、端正な筆致でさまざまな状況の中で誠実に対処していく姿が書かれていた。

書評子としては、鈴木の生涯の昭和天皇の下令で首相として終戦前、最後の内閣を組織した鈴木貫太郎の像を追ってみた。

1　首相就任

小堀氏が宰相、鈴木の生涯を語られる理由は、やはり短い間とはいえ、終戦期の総理大臣であったからであろう。その就任は、昭和二十年四月七日のことであった。

それまでの経緯を少し述べておこう。

昭和十九年十一月のレイテ島の敗北以後、戦線での退却が続いている中で、翌年の二月、天皇のもと、その後の方針について論議するために、七人の重臣が集まった。まだ状況は五分五分だとする東条英機の言と共に近衛文麿は、「近衛上奏文」で知られるように、敗戦によって生じる共産革命の危機を訴えた。鈴木貫太郎は最終判断を開陳しなかった。「玄黙」していたのである。

　また二月十九日に硫黄島に侵攻した米軍の攻防は熾烈を極め、栗林中将の守備隊は、まさに必死の戦いを行い一ヶ月持ちこたえた。米軍は五日間で片付けられるつもりでいたらしい。全滅した守備隊は二万三千名であったが、米軍の人的損害は三万三千にも及んだ。パラオ諸島のペリリュー島でも激戦が続き、両島の戦いで、米軍の本土上陸の気力が削がれたのであろう。空からの爆弾投下だけに力を注いだ。三月、日本は空襲に晒された。この時の死者は、八月の二つの原爆の死者に匹敵した。

　三月十八日、東京大空襲の被災地を、天皇が視察された。小堀氏はその視察の様子を「それは天皇が決して国民を見捨てられてゐるわけではない、といふ一縷の救済への光明として人々の念裡に微かに點（とも）っていた」。このような記述は、小堀氏の随所に見られる。天皇と国民が一体となっていることを、さらに御製を添えて語っているのである。

《戦（たたかひ）の　わざはひうけし　國民（くにたみ）を　おもふこころに　いで立ちてきぬ》

　これは、天皇が周辺の重臣たちと、被災地の人々の乖離を、ひそかに体感された心境がこめられている。

　小磯内閣は、戦争続行の為に指導体制を強化する方向に走ったことに批判を浴び、総辞職を余儀なくされた。新たな首相を選ぶ為、四月五日木戸幸一内大臣の招請で重臣会議が開かれた。六人の元首相と、枢密院議長の鈴木貫太郎が出席した。東城英樹が畑俊六元帥を推し、広田弘毅が現役の軍人を、と述べたが、他は一致して鈴木貫太郎を指名した。戦争終結を鈴木に託した形になったのである。

　しかし、鈴木は明治天皇の「軍人勅諭」から《軍人は政治に関わらず》の言葉を引き、ローマのカエサル、ドイツ帝国のカイザー、ロマノフ王朝のツアールのように、それをおこなったものは亡国を導いたことを述べて固辞した。《自分は武弁にして政治には全く素人である》と述べた。このような緊急な会合での西洋の歴史上の軍人政治家の例えを出す、鈴木の教養の深さを見ることができる。

　さらに、小堀氏は、それはあくまで謙遜であることを、次のような鈴木の手腕の数々を述べている。その理由は、まさに鈴木が、海軍に入って、ここまで高い地位に上ってきた業績でもあるので引用させて頂こう。

「鈴木が海軍次官に任ぜられて官僚の世界に一歩踏み入れた直後に、海軍補充費の予算を獲得するために時の政権大隈内閣の政敵に当たる野党政友会の代議士に直接折衝して予算案の成立を贏ち取ってしまった早業。

又第一次欧州大戦の勃発に際しては、夙に聯合國側の参戦要請がくるであろう事を予想し、直属上司たる八代海軍大臣にさえ無断で大蔵次官の濱口博幸に接触して新鋭駆逐艦十隻の急造豫算を認めさせた所謂根廻しの巧みさ。

一方八代の片腕としてシーメンス事件といふ海軍始まって以来の難題を、誠心誠意の英断を以て無事に解決してしまった剛直ぶり。

この事件で自ら大臣の座を降りた八代中将を、加藤高明、大隈重信といった高官に働きかけて第二艦隊司令長官への返り咲きを実現せしめた、人事面での周旋能力。

そして呉鎮守府司令長官として関東大震災に遭遇し、完全に正しい意味での独断専行の救助活動の先鞭を着け、見事な成功を収めた事跡。

又軍令部長時代、大蔵省の河田烈主計局長に「理」を説いて建艦豫算の減額を撤回させた説得力等々、むしろ鈴木の如く行政面での業績にも功業を重ねた實戦派の軍人は珍しいと見るべきである。

そして練習艦隊司令官としてアメリカ合衆国西海岸で示し得た外交的成功は、やがてこの終戦工作内閣の総理大臣としての遠大な攻略の一つの布石であったことが実証されることになる」(三一七頁)。

鈴木個人の一貫した、国家のため、海軍のため、という大きな目的があったことが示されている。「政治に不向き」とは到底思えぬ業績があったのである。その謙虚な態度であったからこそ、政治を動かした、と言っていいだろう。

それよりも、日本の政治が、こうした各分野における小さな努力、小さな成果が、共同体としの日本を動かしている、と考えさせることである。国家のために、英雄的に行為をするのではなく、それぞれの部署で、誠実に具体的な行為を行うことが大事なことだと思わせる。

小堀氏は昭和天皇の鈴木に向けた「卿に内閣の組閣を命ずる」という簡明な御下命の言葉に、「汝の内閣は、必要とあらば超憲法的措置をとることが起ころうとも豫めそれを承認する。外交上でも何らかの冒険的施策を試みになってもよい」という含意がある、と指摘する。天皇が鈴木に全幅の信頼を置いた上での組閣命令だという。しかしこの含意が、西洋の政治のような「ファッシスト」的「独裁」になることではない、ということをわからなくてはならない。すべて合議制で、その上に天皇のご裁断が下される。

政権が発足した四月七日の午後零時三十分から三時にか

けて、戦艦「大和」、鹿児島県坊ノ岬の南方八十浬の沖で沖縄本島への「特別攻撃」に出撃していた。他に沈没した巡洋艦「矢矧」、他駆逐艦八隻が米軍航空部隊三百機と二時間余の死闘の果てに大半が沈没したのである。これで日本海軍の海上戦闘能力はほぼ零になったといわれる。

2　ルーズベルト大統領の追悼の談話

アメリカ合衆国F・D・ルーズベルト大統領が四月十二日、脳溢血の発作で死亡した。このニュースは十三日にも日本にも伝えられた。鈴木貫太郎首相の談話とは次のようなものであった。

「今日、アメリカがわが国に対し優勢な戦いを展開しているのは亡き大統領の優れた指導があったからです。私は深い哀悼の意をアメリカ国民の悲しみに送るものであります。しかし、ルーズベルト氏の死によって、アメリカの日本に対する戦争継続の努力が変わるとは考えておりません。我々もまたあなた方アメリカ国民の覇権主義に対し今まで以上に強く戦います」。

同じ頃、ドイツ総統アドルフ・ヒトラーも敗北寸前だったが、ラジオ放送でルーズベルトを口汚く罵った、と言われる。アメリカに亡命していたドイツ人作家トーマス・マンが鈴木のこの放送に深く感動し、イギリスBBCで「ドイツ国民の皆さん、東洋の国日本には、なお騎士道精神があり、人間の死への深い敬意と品位が確固として存する。鈴木首相の高らかな精神に比べ、あなたたちドイツ人は恥ずかしくないですか」と声明を発表するなど、鈴木の談話は戦時下の世界に感銘を与えた、という。

小堀氏はこの記事を記し、日本の武士道精神が賞賛されたことを語っている。「あの追悼談話は、同盟通信の取材を受けて、鈴木がその所謂平常心のままに、淡白に感懐を述べただけの謂はば彼の人柄の地金がそのままに発露した結果だったのであろう」と書いている。鈴木の人格の高さを述べている。そして日本人は、何者であれ、死者に対して敬意を表する、自然心のことを語っているのである。

しかし、深読みすれば、日本の首脳部は、ルーズベルトに完全に悪意をもっていなかったことを示すのではないだろうか。ルーズベルトと東条の間には、天皇を守るという約束の下に戦争を遂行したのではないか、ということである。すでに知られている一九四二年のOSS計画には、天皇を象徴として残すと書かれている。それが日本でも知られていたのではないか、という点である。

四月十三日深夜に空襲警報が発令され、十四日未明にかけてのB29による爆撃の被害は三月のそれに匹敵する大きなものだった。明治神宮の本殿・拝殿が焼失するという厄災の一夜であった。ただ宮城の一部、皇太后の御座所である大宮御所にも被害が出たが、皇室が避難することはなかった。

一方、ドイツは、四月三十日、ソ連軍地上部隊によってベルリン市が破壊し尽くされた。その中心部の総統官邸の地下室でヒトラーは自殺し、五月二日七万のベルリン防衛軍はソ連軍に投降した。後継者と言われる海軍のデーニッツ将軍は、全ドイツ軍に降伏を命じ、全国土が占領された。まさに無条件降伏であり、のちの日本と異なっていた。小堀氏はその違いを明記している。無条件降伏とは、まさに米、英、仏、ソ連によって日本を分割統治されたような状態をいうのである、と。

六月八日、臨時帝国議会が開かれ、鈴木は施政方針演説を行った。そしてアメリカに対し、和平交渉を行う用意があることを暗号通信で送ることになった。二十二日の御前会議で「ソ連を仲介とした米英との講和交渉」が決定された。

七月上旬に近衛文麿の特使派遣がソ連に対して打診された。その申し出に対して、すでにヤルタ会談での密約で対日参戦を決めていたソ連は、実質的な拒絶回答をしたが、なおも日本政府はソ連に対して仲介を求め続けていた。ただ国民にそれを知らせなかった。

小堀氏は、六月十八日のアメリカの対日最終作戦会議を注目している。そこでは、もう一つの重大な話題が不意に提起されたからだと述べている。それは、米政府と議会から信頼を受けていたマックロイ陸軍次官補から出されたもので、彼は立憲君主制の存続を承認するという条件の下に、日本に降伏を呼びかけ、もしそれで日本が妥協しない場合、アメリカは、恐るべき破壊力を有する新型の兵器を日本に向けて使用するのがよい、という提案をしたという。

現に開発が進み、間も無く実験の挙行も予定されている原子爆弾の秘密は、それを公の席で口外する事自体、厳しい禁忌であった。その禁忌が不意に破られ、而も武器として使用の可否の段階ではなく、実際に使用する警告をする段階にまで至ったのである。これがそのまま、八月六日の原爆投下の段階に至ることになる。

普通、原子爆弾の名前は、八月の投下以降、語られ、日本人にもアメリカ人にも、知られることになっている。しかしこの六月十八日の段階で、マックロイは、この恐ろしく破壊力のある爆弾を予告し、日米ともそれを認知していたことになる。むろんそれを知るのは、全く少数の識者に限られていたが。

3　ポツダム宣言の真意

七月二十六日、ベルリンの近郊、ポツダムで連合国首脳会談が開かれ、後、ポツダム宣言が発せられた。アメリカ、イギリス、ソ連三国の首脳が、敗戦国ドイツの戦後処理のために集い、議論した。中国は、参加しなかった。彼らは三国だけで、日本の処理を行おうとしたのである。中国は無線で知らされただけで、三国のみによりポツダム宣言が発せられた。

ベルリン近郊で行われたことは、この会談は本来、ドイツの戦後処理のためで、日本に対する会談ではなかったことを示している。日本への降伏要求の最終宣言と言われるが、ドイツと異なっていた。軍の武装解除はさせられたが、「日本国の主権は本州、北海道、九州及び四国ならびに我々の決定する諸小島に限られなければならない」と八条に書かれているように、たとえ大陸から撤退を余儀なくさせられても、日本の主権を認めているのである。つまり、三国はドイツと異なる扱いをした、と判断していい。

日本についてこう書かれていた。「日本政府は日本国国民における民主主義的傾向の復活を強化し、これを妨げるあらゆる障碍は排除するべきであり、言論、宗教及び思想の自由並びに基本的人権の尊重は確立されるべきである」と十条に書かれ、十一条には「日本は経済復興し、課された賠償の義務を履行するための生産手段、戦争と再軍備に関わらないものを保有出来る。また将来的には国際貿易に復帰が許可される」。さらに十二条には「日本国国民が自由に表明した意志による平和的傾向の責任ある政府の樹立を求める。この項目並びにすでに記載した条件が達成された場合に占領軍は撤退するべきである」とされているのである。

このような日本の国体を保持することを望み、その復興を考えている宣言は、決して無条件降伏を強要したものではなかった。最後の十三条にやっと「我々は日本政府が全日本軍の即時無条件降伏を宣言し、またその行動について日本政府が十分に保障することを求める。これ以外の選択肢は迅速且つ完全なる壊滅があるのみである」と述べられる。この軍の「無条件降伏」が後に一人歩きしたのである。

鈴木首相ひきいる日本政府は、これを「黙殺」した、といわれる。小堀氏は、その経緯を、詳しく分析している。

七月二十七日の『朝日新聞』は、「政府は黙殺」という二段抜きの見出しを付けて「帝国政府としては米、英、重慶三国の共同声明に関しては何ら重大な価値あるものに非ずとしてこれを黙殺すると共に、断固戦争完遂に邁進するとの決意を固めてゐる」と報じた。

小堀氏は、この『朝日新聞』の「黙殺」の言葉が、鈴木首相、自らの発言であったかの如くに誤解され、それがやがて（たいへんな問題）になった事に、メディアの無責任さの一例として批判している。

この不信感を与える言葉が、敵・三国に喧伝され、それが利用されて、トルーマンに原爆投下の口実を与え、スターリンに「火事場泥棒そのままの対日侵略戦開始」に勢いを与えた、という指摘がその後の歴史家の通説になった。しかし小堀氏はそれは間違いだった、と主張する。戦争状態にある時の、こうしたメディアの言葉は、一般大衆の憤激を呼び、それを察知して、敵に、侵略を正当化させるものとなったと難じている。

小堀氏は次のように推測する。鈴木の胸中には、たぶんこの際、ノーコメントが最も適切だという判断があったであろう。この表現ならば、宣言を発した側も、日本は回答準備のための内部討議に入っている、という程度の理解は待っていると思われただろう、と。「黙殺」しようとしたわけではなかった。

確かに鈴木にとっては、一方の東条をはじめとする、戦闘継続派がおり、ポツダム宣言を拒否することも、選択肢のひとつであった。しかし鈴木が首相になったことは、戦争を収拾することにあった。後の鈴木の回顧録『終戦の表情』の中で、「この（黙殺という）一言は後々に至る迄、余の誠に遺憾と思ふ點であり、この一言を余に無理強ひに答辯させた所に、當時の軍部の極端な處の抗戦意識が、如何に冷静なる判断を缺いて居たかが判るのである」と語っている。

小堀氏はこの鈴木の理解も、実をいえば正しいものではなかった、と指摘している。アメリカの原爆投下を誘引し、ソ連の対日侵略を読んだというような因果関係は実際には存在しなかった、と述べている。ポツダム宣言の拒絶があったとしても、それは彼らにとっても、既定のことであった。メディアがいかに書こうと、実際の動きは何の影響もなかったのだ、と。

特に原爆の投下との関係は、鳥居民氏の『原発を投下するまで日本を降伏させるな——トルーマンとバーンズの陰謀』で否定された。ポツダム宣言は正式の外交文書ではなく「宣伝文書でしかない」。日本がこれを謀略放送と見、諾否の回答を急がなかったのは当然のことであった。これは、トルーマン・バーンズ両人の謀略だったというのである。いずれにせよ政府は、急いで受諾の空気作りに努めていた、と小堀氏は付け加えている。

4　なぜポツダム宣言を受け入れたか

七月二十五日、天皇は木戸幸一から陸軍の本土決戦論に対する不信と、講和の緊急要務なる旨の奏上を受けられた。この奏上の中で、「三種の神器」の護持についての策を言及している（『木戸日記』）。七月三十一日、天皇の方から神器守護のための方策の検討の御下命があり、次いで八月二日、五日には神器奉遷のための外箱の調製や避難先予定地の岐阜県大野郡宮村の水無神社の実地視察が行われた。本土決戦は避けるとの君臣間の合意はあるが、万が一の場合を考えてこれらの具体策の検討をしていた。

重要なのは、この時期においてさえ、「三種の神器」が、天皇の元にあったことである。すでに東京大空襲がなされ、皇居の一部も爆撃に晒された。本当であれば、すでにどこかに避難させておかねばならなかったはずである。天皇家にとって最も重要な「三種の神器」が、あと終戦の半ヶ月もない時期にあっても、まだ東京の皇居にあり、この頃にあって、やっと岐阜県の水無神社に避難先を考えるようになった、というのである。

七月三十日の明治天皇の例祭日に朝六時の空襲警報発令のため天皇御自身の賢所、木階下での御拝礼は取りやめとなった。十時過ぎの警報解除後に侍従の御代拝奉仕を以って替えた。しかし、天皇の勅使は、十年に一度の官幣大社宇佐神宮に送られ、八月二日、福岡の香椎宮にも参向させている。明治時代に復活した「宇佐使い」はこの時も続いていたのである。

この困難な時期の、ある意味で、この余裕のある対応ぶりは、どのような情勢判断に基づくものであっただろうか。近年のOSS研究によると、米軍のOSS（戦術局）「日本計画」に天皇を「平和のために利用する」ことが決められており、一九四二年の段階で、すでにアメリカの方針になっていことが明らかになっている（加藤哲郎『象徴天皇制の起源』平凡社新書、二〇〇五年、田中英道『戦後日本を狂わせたOSS「日本計画」』展転社、二〇一一年）。

天皇がこの時期になっても、避難されていないのも、三種の神器が、まだ宮城で存在していたのも、この方針が、天皇を始め、日本政府の首脳の了解事項としてあったことを示唆していたのではないだろうか。そのことを裏付ける事実は、ポツダム宣言に天皇のことが、まったく触れられていないことである。これは東京裁判に天皇がひき出されなかったことにも勿論関連しているはずである。

八月六日朝の広島の原爆投下の際は、当初、通信機能が全面杜絶のため実態が判明せず、わづかに午後七時になって呉・鎮守府から海軍省への電話で被害甚大との情報がもたらされた。そしてその夜遅く、広島に落とされたのが原子爆弾であることを述べたアメリカ大統領の声明が、同盟通信社によって傍受された。ところが、その声明は、すでに七月三十日にステイムソン陸軍長官が起草していたもので、その爆弾名は、日本では「新型爆弾」と受け取られていた。

日本でも原子爆弾を準備していた科学者の一人、理化学研究所の仁科芳男氏は、参謀本部の有末中将と、すぐさま現地に向かい、これは原子爆弾にちがいない、と判断した。

八日の午後から情報局総裁、外務大臣が天皇に拝謁し、かくなる上はポツダム宣言を受け入れ、終戦する以外に道がないことを奏上した。天皇も原子爆弾の出現に遭遇した以上、戦争の継続は最早不可能と判断された。ポツダム宣言に加わったソ連からもすでに宣戦布告の通告を受けており、満州でもソ連の侵入が始まっていた。

ポツダム宣言を受け入れの際の、日本からの付帯条件は、一に天皇の国法上の地位の変更なきを保証すること。次にポツダム宣言第七条の、日本国本土の諸地点の保障占領は避ける。第九条の挙げている日本軍の武装解除は日本側が自主的に行う。第十三条の要求する戦争犯罪人の処罰も、日本側で行う。以上、四項目を受諾条件にする、というものだった。

この付帯条件を審議している九日に長崎午前十一時に二度目の原子爆弾が投下された。

審議はそれを踏まえて、宮中の地下防空壕の御文庫付属室で行われ、その日夜中まで続いた。出席者は首相、外相、陸海両相、統帥部の両総長という人々であった。深夜十二時に、鈴木首相の配慮で枢密院議長の平沼義一郎が呼ばれた。議論の後、天皇の地位の保証があれば、とする案と、四項目を付加する案の対立が続き、最終的には三対三になった。

天皇の御聖断を仰ぐ以外に方法はなかった。小堀氏は、次のように御聖断の場面を描いている。

「鈴木は席を立って天皇の前に進み出、深々と「鞠躬如」たる禮を為したる後に、會議の現状は御覧の通り三對三の対立（総理自身の意見は入れていない）のままになってゐる。此の上は聖断を仰ぎ、それを以ってこの會議の結論とするより他無い、畏れ多き極みではあるが御判断をお下し頂きたい」、と奏上した。

「そこで天皇は、自分は外務大臣案に賛成である、と付言される。即ち國體維持の保證要求以外の三条件の付加を止め、簡明な受諾通告のみでよいとの御意見である」と。これで終戦の方針が決まった。小堀氏は、此の名高い御聖断の場面を、鈴木の導いた最高の最終判断への流れとして叙述している。総理大臣、鈴木の日本人らしい謙虚な姿の中に、日本の共同体の決断の仕方の、ある意味で、理想の姿を見てとった、と考える。

この際、天皇が、自ら天皇の地位も敵国の裁断に委ねる、と言う文言をいれなかったのは、やはり日本首脳に、語られぬ共通認識があったと考えられる。天皇の御決断の裏には、アメリカとの了解事項があった、ということである。つまりポツダム宣言には、天皇のことが一切触れていないことに、そのことなのだ。

ポツダム宣言にはＯＳＳ「日本計画」の天皇の処遇問題が織り込まれており、それにより、天皇の地位が最初から保証されていた、と言うことである。

「日本の天皇を（慎重に、名前をあげずに）、平和のシンボルとして利用すること」と言う、ＯＳＳ文書の文言は、天皇が、この戦争では保証されている、と言う意味でもあった。まだマッカーサーが着任していないこの時期に、基本的なことは、すでに日米の間に了解済みであった、ということになる。

無論、ＯＳＳ「日本計画」には、天皇のもとでの日本の社会主義化、と言う問題が隠されているが、それは戦後の問題で、戦争終結の時の問題ではない。六月の「ソ連の仲介による和平案」が、最高戦争指導会議で論じられた際、鈴木貫太郎が「ソ連の和平の仲介を頼んでみたらいかがですか。スターリンという人は、西郷南洲（隆盛）に似たところもあるやうだし、悪くはしないやうな感じがする」といったというが（園部伸「日本を赤化寸前までに追い込んだ『敗戦革命』工作」（『正論』平成二十五年十月号）、こうした安易な、社会主義への楽観論があったのは、ある意味ではそのことも覚悟していたことであったからだと思われる。結果的にはその状態にならなかったのは周知のことである。

いずれにせよ、小堀氏の述べている鈴木貫太郎の首相時代の記述は、日清、日露の戦争体験や、二・二六事件の瀕死の経験のような、余り激動感を感じさせない平静さがあるようだ。

いずれにせよ、この小堀氏の鈴木貫太郎伝は、一人の個人としての生き方ばかりでなく、その時代背景との関わりも浮き彫りにされ、多くの近・現代史の概説を読むよりは、はるかに政治・社会実態に触れることが出来るようだ。歴史を著述する方法として一つの指針ともなる書である。

（Ｓ・Ｎ）

書評　磯田道史『「司馬遼太郎」で学ぶ日本史』

ＮＨＫ出版、二〇一七年

司馬史観に同調する磯田氏

本誌の編集部から「軽い本だが、司馬論は重要だから」ぜひ書評をお願いする、と依頼されました。有名な大学で日本史を講じる研究者は、だいたい左翼ですが、国際日本文化センターの人達は、やや保守で異質である、とされています。前号で取り上げられた、『応仁の乱』の呉坐勇一氏も国際日本文化センターの研究者です。別にそれ以上いう気はないのですが、そういえば、この日本国史学会が発足した動機の一つである「新しい歴史教科書」の運動の発足当時、どういう歴史観を取るか、で、他の教科書の左翼史観に対して、司馬史観で行くべきだ、と主張していた人がいたと聞いています。編集部も、それで「司馬論は重要だから」といったのでしょう。

今や磯田氏といえば、日本史のテレビがお馴染みの池上彰さんという感じで、ＮＨＫなどの歴史番組にもよく出演し、新書もよく出している気鋭の歴史家です。つまり新しい歴史観を持っているのではないか、と期待されている人です。氏も保守を攻撃するのでもなく、どっちにも受けがいい、というスタンスを取っているようです。

その磯田氏が、戦後のジャーナリストが書いた歴史小説の中で、もっとも影響力を持つ、司馬遼太郎の歴史論を語ったといえば、注目されると言っていいでしょう。司馬も磯田氏と同じように、朝日新聞にも産経新聞にも受けがいい、そうした立場を取っていました。本来、本誌では、学者が書いた本格的な歴史論しか取り上げないはずですが、磯田さんは研究者だし、彼がどのように司馬史観を受け取っているのか、保守の日本の歴史観とどう異なるか、多くの読者に興味深いと思われます。

では司馬の日本史論とはどんなものであったでしょう。この本から引用しながら検討していきましょう。二人の古今の論客を串刺しにすることが必要になるかもしれません。

1　戦争体験から歴史論へ

「戦争体験を持つ司馬さんは、『なぜ日本は失敗したのか』『なぜ日本陸軍は異常な組織になってしまったのか』という疑問から、その原因を歴史のなかに探りました」。

つまり、司馬の考え方は、自分の戦争の辛い体験から、あの「太平洋戦争」は失敗だったたし、日本陸軍のような軍国主義によって悪い方向に導かれた、という前提を持っていたというのです。

こうした疑問をもって、磯田氏は、司馬の織田信長、豊臣秀吉、徳川家康のことから、その原因を論じていきます。

「すべては、信長からはじまった。・・近世の基本については信長が考え、かつ布石した。・・(秀吉は)その性格が、あかるかったのも、かれの美質だった。・・家康は物の上手であっても独創家ではなかった」と司馬が言っているとまず述べています。

つまり信長が、「鉄砲の重視や天守(主)閣の建設、鉄甲船を用いた新戦術、あるいは人材登用の新しさ、本拠地の移転など、他の大名では思いつかないこと」を行う、そうした点に信長を評価しているのです。彼がもし著述を残していたら、その芸術家のような美的な側面も分かっただろう、と司馬は述べています。

そしてこれらの三人の英雄が、幕末の三英傑である吉田松蔭、高杉晋作、山県有朋、すなわち予言者、実行家、権力者という意味で似ている、といいます。この三者を「革命の三段階」というのですが、大事な点は、司馬の評価は、こうした戦国時代末期の英雄、江戸時代末期の日本の政治家を浮き彫りにしていることをどう見るかです。

ただ、司馬も磯田氏も、重要な点を忘れています。というのは、それぞれ三英雄が、決して「革命の三段階」を行なったのではなく、西洋の侵略国から、いかに日本を守るか、という観点で、日本内部を強化させていったということで革命ではないはずです。つまり、外圧から生まれたことなのです。

日本はもともと国内は平和であるために、政治の変化がある時は、多国民、身に迫る外圧から守るためであることが、多いのです。明治の時も、アメリカ、イギリス、ロシア、フランスなどの侵略に対する防御が、明治維新を行なわせたのでした。織田信長が「鉄砲の重視や天守(主)閣の建設、鉄甲船を用いた新戦術」をもちいたのは、まさにスペイン、ポルトガル、すなわちキリシタンの名をかたった侵略者に対する、日本の防衛のためであったはずです。豊臣がキリシタンの活動を禁止し、朝鮮進攻をしたのも、スペイン・ポルトガルの攻撃から、いかに東洋、日本を守るか、という目的でした。徳川が、後に言われる「鎖国」をしたのも、外圧から日本を守るためと思われます。

「信長には、稀有な性格がある。人間を機能としてしか見ないことだ。織田軍団を強化し、他国を掠め、ついには天下を取る、という利ぎすました剣の尖のようにするどいこの『目的』のためにかれは親類縁者、家来のすべてを凝集しようとしていた」(『国盗り物語』)などと織田のことを、司馬が書いていますが、「天下を取る」のが目的ではありません。司馬は、「他国」を国内の「他国」としか考えないのですが、信長は宣教師フロイスが示唆しているように、まさにスペイン、ポルトガルに対しての日本の防御のために行動をとった部分が多いのです。「人間を機能としてしか見ない」などというのも、外見だけで、そうした大きな目的があったのです。

ここで、著者の磯田氏は次のように信長と光秀の違い」を言っているのを引用します。

「要するに、信長は人間を一人ずつ特性で見るのですが、これは近代社会の一つの特徴と言えます。一方、明智光秀のような中世を引きずる『常識人』の世界では、人間を機能ではなく、生まれながらの家柄や所属によって評価します。・・その最大の要因は天皇制だと思います。・・司馬さんの作品を読んでいると、中心になるものを空白で残して、糸巻きのように周りを描いている構造を見ることができるのです」。

司馬の日本論には、天皇のことが抜けていることをしっかりと指摘しています。

しかし、磯田氏自身もそれをなぜか、問うていません。織田は、こんな「近代」人的であるにもかかわず、「常識人」である明智光秀と同じように、決して天皇に対して対抗するとか、武力で襲うなどということはしていません。その点では、信長も光秀も同じなのです。それは、どんな時代の武力の英雄でも、誰も天皇を中心とする秩序を破壊するようなことをしない、という「常識」を、司馬も磯田氏も説明しようとしないのです。つまり隠れ左翼の歴史家は、(司馬もこの磯田氏も左翼と呼ばれていないようですが)、天皇制を否定する共産党・左翼と同じであることを、この天皇の「空白」で示しているのです。

「この国に、暴力でもって国内を統御するという、中央集権的な権力を信長がつくりあげました」というと、そこには常に誤謬が伴います。それは常に天皇を「権威」のための中央集権「権力」である、ということなのです。

磯田氏は、庄屋という存在について述べています。これはまさに、江戸時代においては、村の権力者と言っていいでしょう。しかしその存在こそが村人を守ったのです。氏が書いているように「年貢の収納や村の治安維持、そして特に重要なのは年貢の割符といって、村のなかで請け負っている田畑の面積に応じて、きっちりと村民たちに年貢を割り当てて、納めさせることが庄屋の役割でした」。

つまり年貢の取り立てを行うような「権力者」の一人である庄屋は、「村民の敵」であるはずです。

庄屋に対して、不満を持つものもいるでしょう。不公平もあるかもしれません。しかしそれを調整して、秩序を保つのが庄屋であり、「権力者」であるのです。しかしそれは庄屋の役割であったのです。これはあらゆる「権力者」も同じです。「力」という言葉は、抽象的です。もしかしたら、この「権力者」という抽象的な言葉を排すべきかもしれません。具体的な役割の名を言っておけばいいはずです。

磯田氏は「江戸時代、兵農分離で空間的に武士と農民が分かれていたにもかかわらず、村を滞りなく治めることができたのは、この庄屋という制度を彼らの能力の高さによるものであったわけです」。

それは庄屋だけではありません。社会のそれぞれの立場で、人々は役割を果たして来たのです。それを支配者と被支配者の階級関係に絶対化してしまったのが、マルクス主義史観であったのです。

これは江戸時代だけでなく、日本の社会形成の基本である、と考えられます。室町時代にも、村落は、その範囲内に住む惣て（すべて）の構成員により形成され、惣とも呼ばれていました。この惣村の指導者には、乙名（おとな）・沙汰人（さたにん）などの役割名があったのです。また、惣村の構成員のうち、乙名になる前の若年者を若衆（わかしゅ）と呼ばれました。乙名は長老・宿老・老中・年寄とも呼ばれ、惣村の構成員のうち年齢や経験が上位の者があたったのです。乙名は元々、村落の祭祀を執り行う宮座（みやざ）の代表者をさしていました。この乙名が、江戸時代には庄屋となった、と言っていいでしょう。

こうした村組織こそが、日本の社会の基本となったと考えられます。こうした日本の組織を、江戸時代だけと、捉えて、それが明治になって実ったと見ていますが、それは間違えです。おそらく縄文時代からあったことでしょう。三内丸山遺跡を見ると、その原型を見る思いがします。

2　なぜ明治を肯定し、昭和を否定するのか

明治維新とは何であったか、という点について、磯田氏は、次のように武器の問題を語っています。

司馬は「明治はリアリズムの時代でした。それも、透き

とおった、格調の高い精神でささえられたリアリズムでした。ここでいっておきますが、高貴さをもたないリアリズム――私どもの日常の基礎なんですけれども――それは八百屋さんのリアリズムです」と言っています。そして司馬は「兵器の優劣が戦争の結果を左右する」という合理的リアリズムを欠いたのが、それ以後の世界だ、というのです。

日本の幕末は「火縄銃と鎧武者の軍隊が、西洋式のライフル銃とライフル砲（アームストロング砲）まで備えた軍隊に駆逐されてゆく過程でした。・・（それらの技術により）射撃の精度や射程距離、殺傷力が飛躍的に伸びるという特徴がありました」と。

この指摘は、結局、明治維新とは、この銃・砲の精度を高め、侵略に耐えられる技術を導入するための体制作りであることを言っているのがわかります。明治維新が日本を「近代化」した、などというと、日本にそれ以前が、「近代」がなかった、という意味にとれますが、精神のあり方は、さほど根本は変わっておらず、西洋からの侵略から守るためだけのものだったと言うことになります。

磯田氏は、司馬が、日本陸軍の創始者と言われる大村益次郎を明治維新における、合理主義者として評価していることに注目しています。大村は、信長をさらに発展させたような合理主義者であって、その合理性は、戦後の高度経済成長期の一九六〇年代から七〇年代にかけて、復員軍人をはじめ戦争体験のある世代には、こうした大村の在り方への共感はとても強かったはずだと、司馬が戦争体験をしたことと合わせて語っているのです。

『坂の上の雲』で日露戦争を描くときも、いわゆる「賊軍」藩出身ながら連合艦隊の作戦参謀を担当した秋山真之や、その兄で騎兵旅団長を務めた好古（よしふる）といった人物を取り上げ」ています。司馬自身、「太平洋戦争」中、「敵味方の戦力の差や戦車や軍艦の性能を比較して論じるのではなく、『精神力で突撃せよ』という非合理的精神論で戦車に乗せられ、九死に一生を得たわけです。であればこそ、即物的合理主義を訴える必要と、それを重んじる哲学を抱くに至ったのです」。

有名な『坂の上の雲』の主人公、秋山真之は、海外に留学し、西洋の兵術や科学技術を学びましたが、彼のリアリズムは非常に独創性のあるリアリズムでした。・・機械の力を「機力」、人間のマンパワーや技術力を「術力」と呼び、その両方が揃っていないと、戦力は機能しない、と語っていました。

一方で、「乃木希典は、自分が軍人であると言って、格調高い公共精神ですが、それが不合理なリアリズムであれば、戦争には勝てません。二百三高地をはじめ、旅順をめぐる攻防戦で、乃木は多くの将兵を死なせてしまいます」。

こうして、秋山の合理性を讃え、乃木の精神性に、疑問を唱えます。日露戦争では、秋山兄弟のような存在があったからこそ、勝てたのだ、と。逆に「太平洋戦争」では「戦力の差や戦車や軍艦の性能を比較」を無視して負けた。つまり「非合理的」戦争をしたから、負けたのだ、ということになります。こうした戦争に対する日本軍人の態度が、司馬が明治を好み、昭和を否定する所以だというのです。

司馬は『昭和という国家』（ＮＨＫブックス）で、「日本という国の森に、大正末年、昭和元年ぐらいから敗戦まで、魔法使いが杖をポンとたたいたのではないでしょうか」と言っています。「その森全体を魔法の森にしてしまった。発想された政策、戦略、あるいは国内の締めつけ、これらは全部変な、いびつなものでした。魔法の森からノモンハンが現れ、中国侵略も現れ、太平洋戦争も現れた」と述べて、軍部官僚の「統帥権」という「正義の体系」が充満して、国家や社会をふりまわしていた、昭和という「魔法の森の時代」を語っていますが、しかし現在の研究では、そんな事態ではなかったことがわかっています。

実を言うと、この戦争は「戦力の差や戦車や軍艦の性能を比較」して日本が劣っている、と知りながら、ルーズベルト大統領の強い対日攻撃の意思から発したものであり、日本が仕掛けた、と日本人が思わせられているのに過ぎなかったのです。ソ連のスパイが書いたハル・ノートに、仕方なく戦争を始めたのにも関わらず、アメリカ国民には、このハル・ノートを隠しておき、日本が無謀な真珠湾攻撃を仕掛けてきた、と宣伝して、アメリカ国民を引き込んだ、というものだったのです。

この戦争は、アメリカの策略によって始められた、ということが明らかになっています。もしこの新真実を知ったら、司馬はどう思うでしょう。アメリカ戦略局とＧＨＱの宣伝に、戦後のメディアが引っかかった結果であることを、歴史家なら見て取らねばなりません。司馬は日本内部のことしか考えていません。磯田氏も同じです。

この「太平洋戦争」の歴史認識も、東京裁判も全て、アメリカの都合の良いように作られたものであることは、現在の研究で明らかになっています。戦争の善悪の判断は、個人的な体験の良し悪しで語っても仕方がありません。

3　権力を好まない性格

「司馬さんは権力そのものについてはあまり書こうとしませんでした。歴史ではなく権力史になってしまい、客観性を保てなくなってしまうからでしょう。薩長出身で明治の顕官（地位の高い官職）となった人物たちを取り上げることに抵抗を感じていたと、いろいろなところで書いています」。磯田氏も、司馬の思想に同化してしまい、司馬と同様、権力史を好まない、と語っています。

こうした権力を好まない、とする戦後の考え方は、権力は人民を搾取する、と言う思想から来ており、氏は知らないでしょうが、マルクス主義の変形されたフランクフルト学派の「批判理論」に基づいています。アメリカの左翼思想の根幹になる左翼思想で、日本にはアメリカの思想として、これが正しい民主主義として入ってきてしまったのです。

あらゆる社会構造は、役割分担の世界であって、階級社会ではありません。権力とその抑圧された人々、という階級社会の絶対化はなく、現実を見れば、役割分担の社会の中で生じた待遇の相違以外ではありません。それは改善出来ることです。

ご存知のように、「権力」を倒して「革命」によって出来た「権力」は、社会主義では、もっと残酷な「権力」社会になってしまうことは、二〇世紀に経験ずみです。つまり、マルクス主義思想は恐ろしい結果、現実を誤認した社会になってしまうのです。また、それを疑わない精神を作ってしまったのです。それが日本の歴史学界を「酩酊」させ、「洗脳」したのです。

司馬が明治を妙に理想化するのは、やはり過去を封建社会と見、「近代」を良しとする、進歩史観に囚われているからです。社会は「近代」に向かって発展する、というヘーゲル史観、マルクス主義史観は、人間そのものが進歩する、という誤った考えを与えました。人類は、ホモ・サピエンスの段階で、肉体的には進歩は止まっているのです。

よく言われることですが、紀元前六、五世紀に、東西の哲学は全て出揃っていたのです。プラトン、アリストテレス、シャカ、孔子等など、観念論、唯物論、道徳論、など原型は全て出揃っていました。それ以後、人間の思想はさほど精密になっても進歩していないのです。

「近代」の「進歩」を人々が感じているとすれば、世界の人口が増えたために、それに対する必要な物を製造し、運送の増大化にそなえて、産業や交通手段を発達させたことです。あくまで量的なことです。迅速化、合理化が起こったことなのだ、ということです。人間そのものが、進歩したわけではありません。国家を忘れ、共同体を否定する、個人主義の宣伝はまさに作られた考え方です。

「司馬さんは、三島由紀夫の自決について同情的なことを書いていません。もしかしたら、ひとつの思想に傾いていくことに対する警鐘の意味を『花神』に込めていたのかもしれません。『思想は人間を酩酊させる』『日本人の酩酊体質』という表現をよく用いました」。「思想」や「ドグマ」をかかげて合理主義を見失い、国を危機に陥らせる、そうした状態を嫌う、と言うなら、普通、それは戦後の左翼がもった社会主義、マルクス主義だと思われますが、礒田氏においてはそうでないようで、三島が持っていたようなナショナリスムのことを言うらしいのです。

　確かに司馬は、一九九六年亡くなりましたから、社会主義の崩壊を実感出来なかったかもしれません。社会主義の崩壊について書いていれば参考になるのですが、その発言は寡聞にして知りません。日本のインテリたちを「酩酊」させた「思想」「ドグマ」のマルクス主義思想が、いかに、二十世紀の諸悪の根源であったか、よく認識できなかったのでしょう。しかし一九七〇年生まれの磯田氏は、それをわかっているはずです。

　合理化というものをつきつめれば、社会主義化につながるというのが左翼の考え方です。もし磯田氏が司馬に同感しているとすると、合理化をつきつめた社会主義は崩壊する、とう事実を無視しているからです。合理化の「近代」を超えるはずの「未来社会」の設計は弊え去ったのです。昔の村を解体し、人工的なコルフォーズ、集団農場にした社会は簡単に崩壊するのです。働こうとする意欲をつくる精神性を欠いているからです。

　司馬は、明治時代を理想化するわけですが、しかし明治の日本人の状態は、それ以後、昭和に至るまで、さほど変わっていません。軍国主義者として非難されてきた東条英機も、近衛秀麿も、鈴木貫太郎も、皆、明治の英雄同様、誠実に歴史に対処しました。「ポツダム宣言」は受諾してもその内容は、無条件降伏を迫るものではなかったのです。昭和天皇が下した八月十五日の詔勅は、「終戦」を宣言したに過ぎなかったのです。「敗戦」ではなかったのです。日本の国家の元首昭和天皇御自身は健在だったからです。

（M・A）

あとがき

●マルクス派学者が多いことで知られているアメリカ・コロンビア大学のキャロル・グラック歴史学教授が、『ニューズ・ウイーク』四月三日号の表紙に「原爆・慰安婦・ホロコースト歴史への責任」という題名を掲げで、大学での特別講義の様子を伝えています。《なぜ今、戦争を経験していない世代が七十年以上前に終結した第二次大戦の「記憶」について学ぶべきなのか。直接体験していない自国の「悪い過去」をどう認識し、どう対処すべきなのか》を問うて、十一人の学生と対話する形をとっています。

同教授が中国のマオという学生に対して、虐殺や残虐行為のうち、特に覚えているのありますか」と問うと、そのマオは「南京です。ただ、戦争の話について中国では長い間、勝者の側の視点では語られては来ませんでした。日本軍の敗北を決定づけたのは、私たちではなかったからです。中国の戦争の物語はどちらかというと悲しい話で、長い間「不屈」という視点で語られて来ました。私たちは中国の安全と主権を守るために戦い、三十一年から四十五年までという十四年もの間一度も降伏しなかった。つまり中国の物語は、国を持ちこたえさせて降伏しなかったことで連合国の勝利に貢献した、というものでした」。

●このマオ君は真っ先に「南京です」といっています。しかし、南京「虐殺」事件について、マオ（毛沢東）主席が一言も言っていない、つまり中国支配者でさえ、知らない事件だったのです。中国には、もともとその「記憶」はなかったことをこのマオ君は、知らないのです。もちろんグラック教授はそのことも知りません。つまり中国の歴史は、ほとんど検証のへない捏造が多かったのです。唯物史観ではなく、観歴史観だったのです。

●マルクス派の歴史観は、また階級闘争史観です。資本家階級と労働者階級の対立から革命が起きる、それをひき起こそうとする「党派的理論」です。「党派的理論」ですから、書かれた歴史の上では、常に党につごうのいい善玉・悪玉の争いとしてしまいます。党派の願望をそのまま、歴史に投影してしまうのです。常に支配者と被支配者の二対立の歴史しかない考え方で、民衆という層が、権力者に常に戦って来た、という図式しかありません。現実の社会ではあらゆる人々が役割分担の世界となっています。その間に闘争があったら、生活など成り立ちません。階級史観など、現実の社会には当てはまらないのです。だから罪つくりの捏造ばかりをすることになります。

それを大東亜戦争に当てはめると、日本が悪、中国が善玉になります。日本という支配者が、常に被害者の中国人を痛めつけて来たために「不屈」に戦ったなどというのです。だから「悪玉」日本が、ドイツのホロコーストのような「悪い過去」をつくったに違いない、そういう発想か捏造されたのが「南京虐殺」事件ということになるのです。

●中国では第二次世界大戦のことを「抗日戦争」と決め込んでいます。この戦争は、その「侵略者」は日本以外にいないことになっています。ですから、香港を占領していた英国も、侵攻していたアメリカも、フランスも、ロシアのことを言いません。習近平主席は、その「抗日戦争」が「世界の反ファシズム戦争」と規定したそうです。何という歴史の捏造でしょう。七十年たっても未だ歴史をつくりかえています。

マルクス主義者たちは、これまでの歴史を否定する歴史家を、レヴィジョニストと言います。しかし自分たちが勝手に変えたことに対して、何も反省がありません。幸い日本のマルクス主義者がレヴィジオニストを、「歴史修正主義」と訳しました。

「修正」は正しく修めることです。私たちは、マルクス主義者にかわって、歴史を修正していかねばなりません。

●いずれにせよ、この『ニューズ・ウイーク』の記事は、いかにアメリカの大学で、アジアの留学生たちが、マルクス主義の歴史観を教えられているかを、読者に明らかにしています。一般の人々には考えられないことが学生たちに教えこんでいるのです。日本だけでなく、世界中で、このような歴史教育がなされているとすれば、それを否定すべく、積極的に「歴史修正」をしていかねばなりません。

●今号の書評は、内外の注目すべき、歴史書の三冊を選び、各地の若い研究者に依頼することが出来ました。東京、京都などの既成の大学よりも、マルクス主義的権威にとらわれない方々です。日本国史学会が地方で実力をつけてきたことを示しているようです。匿名にしているのは、大学での彼らの位置はまだ脆弱だからです。まだまだ左翼の党派性は強いのです。

●さて、今年五月から、日本国史学会の連続講演会の会場が、拓殖大学に変わりました。これまで本会理事の麗沢大学・中山理学長のおかげで、六年間も同大学の東京センターの会場をお借り出来ました。一同、同先生に深く感謝しております。今後は理事の拓殖大学前学長の渡辺利夫先生のご配慮で、同大学で、これまで通り、連続講演会を行います。ここは以前、理事の故・井尻千男先生がやはり「新日本学講座」を行っていたところで、先生の志を次いで続けていく所存です。

●シンポジウムの原稿のうち、川口雅昭先生のものは、最終段階で、先生が撤回する旨、編集部に伝えられ、残念ながら、掲載が出来なくなりました。編集部として先生のみならず、読者の皆様に深く陳謝致します。

（T）

日本国史学会会則

平成二十四年五月

第一章　総則

第一条　本会は日本国史学会と称する。
第二条　本会の方針は、「日本国史学会　基本方針」に依る。
第三条　本会は左の事業を行う。
一、研究発表会を開催する。
二、学会誌を発行する。
三、その他必要と認められる事業を行う。

第二章　会員及び会費

第四条　会員は本会基本方針に賛同し、適切な入会の手続きを取った次のもので組織する。
一、正会員　二、一般会員　三、法人会員
第五条　会員には次のような資格を設ける。
正会員は、①、大学及び研究機関に所属している教員・研究者（元教員・研究者も含む）②、大学の博士課程前期以上に所属している大学院生、③、①②と同等の力があると本会理事が判断した者
一般会員と法人会委員には特に資格は設けない。

第六条　会費は次のように定める。
一、正会員は年会費五千円を納めるものとする。
二、一般会員は年額三千円（一口）以上納めるものとする。
三、法人会員は年額五万円（一口）以上納めるものとする。
四、一、二において学生は、それぞれ半額とする。
第七条　正会員は研究発表会において研究発表をすること、学会誌に論文を投稿することができる。また全会員は本会発行の刊行物の配布を受けることができる。

第三章　役員及び組織

第八条　本会は左の役員を置く。
一、理事　二、評議員　三、会計監査
第九条　役員は次の任務を掌る。
理事は理事会を形成し、本会の運営に当たる。
評議員は理事会に求めに応じ、助言をする。
会計監査は会計を監査し、その結果を総会に報告する。
第十条　理事及び会計監査は総会において選出する。理事のうち互選により一名を代表理事とする。
第十一条　役員の任期は二年とする。ただし重任はさまたげない。

第四章　会計

第十二条　本会の会計は、会費及びその他の収入によってまかなう。会計年度は毎年四月一日から翌年三月三十一日までとする。

第十三条　本会の会計報告は総会において行う。

第十四条　本会に会計事務を行う会計担当をおく。

第五章　所在地及び事務局

第十五条　本会の所在地を東京都新宿区新宿一―二九―一四　パレ・ドール新宿二〇二　株式会社啓文社内とする。

第十六条　本会に事務局をおき、事務処理に当たる。事務局は株式会社啓文社におく。

第六章　会議

第十七条　本会の総会は、毎年一回これを開催する。ただし会員から要求があった場合及び必要があると認められる場合には、臨時にこれを開催することができる。

第七章　設立

第十八条　本会の設立を、平成二十四年四月十四日とする。

《日本国史学会入会について》

会場受付で、「日本国史学会」の会員を受け付けております。会員は主に次の二つに分かれています。

一、**正会員（年会費五千円）　主に研究者・教員・大学院生**

二、**一般会員（年会費三千円〈一口〉）　特に規定はなし**

※一、二とも学生は半額。他に、**賛助会員**を年額五万円（一口）で受け付けております。

正会員は、本会主催の研究発表会において発表をすること、本会発行の学会誌に論文を投稿することができます。また両会員とも、本会発行の刊行物や各種お知らせを無料で受け取ることができます。詳しくは受付の担当者にお問い合わせ下さい。

（振込み先）郵便振替　００１４０-３-６００４０２６
（振替用紙に住所、電話番号等明記下さい）

〈日本国史学会　事務局〉
〒一六〇-〇〇二二　東京都新宿区新宿一-二九-一四　パレ・ドール新宿二〇二
啓文社書房内
電話　〇三-六七〇九-八八七二　ＦＡＸ　〇三-六七〇九-八八七三
E-mail kokushi@kei-bunsha.co.jp

日本国史学　平成三十年　第十二号
平成三十年七月十日　印刷　　七月二十日発行
編集人　日本国史学会　代表理事　田中英道
発行　啓文社書房
〒一六〇—〇〇二二
東京都新宿区新宿一-二九-一四
パレ・ドール新宿二〇二
電話　〇三-六七〇九-八八七二
kokushi@kei-bunsha.co.jp
発売　啓文社
印刷所　㈱加藤文明社
〒一〇一—〇〇六一
東京都千代田区神田三崎町二—一五—六

本雑誌は、一般社団法人倫理研究所のご援助の下に発行されている。

ISBN 978-4-89992-053-3　C3002￥1000E